ZHONGHUA WENMING GUSHI

中华文明故事

秦汉振雄风

陈建中 ◎ 主编　　　赵显明 ◎ 编著

希望出版社

图书在版编目（CIP）数据

中华文明故事．秦汉振雄风 / 赵显明编著 ；陈建中主编．
－－ 太原 ： 希望出版社，2019.6（2021.6重印）
ISBN 978-7-5379-8071-5

Ⅰ．①中… Ⅱ．①赵… ②陈… Ⅲ．①文化史－中国
－秦汉时代－青少年读物 Ⅳ．① K203-49

中国版本图书馆 CIP 数据核字（2019）第 011194 号

图片代理：全景视觉

中华文明故事 / 秦汉振雄风

陈建中　主编　赵显明　编著

出 版 人：孟绍勇
策划组稿：杨建云　　　赵国珍
项目统筹：翟丽莎
责任编辑：侯天祥
复　　审：张　蕴
终　　审：杨建云
装帧设计：陈东升　　　罗紫涵
美术编辑：王　蕾

出版发行：希望出版社
地　　址：山西省太原市建设南路 21 号
开　　本：720mm×1000mm　1/16
版　　次：2019 年 6 月第 1 版
印　　张：8.5
印　　次：2021 年 6 月第 2 次印刷
印　　数：5001-10000 册
印　　刷：三河市同力彩印有限公司
书　　号：ISBN 978-7-5379-8071-5
定　　价：30.00 元

中华文明故事

秦汉振雄风

目录

秦王扫六合，虎视何雄哉！公元前221年，秦始皇统一六国，建立了秦王朝。

随着秦王朝的建立，自西周以来相对宽松的领主制封建社会结束了，华夏文明几乎重新退回到了殷商时期残酷血腥的奴隶制社会。从那个时候开始，春秋战国时期"百花齐放、百家争鸣"的时代也就一去不复返了，中华古文明结束了她飞速发展的第一个历史高峰期。

所幸，残暴的秦王朝只存在了十几年就灭亡了。西汉初年，宽松的"文景之治"再次为中华古文明的发展提供了良好的社会环境。尽管从汉武帝开始，出现了"废黜百家、独尊儒术"的思想禁锢，但是那闪耀着中华民族智慧之光的哲学思想和灿烂辉煌的科学技术，在这个新的历史时期仍然结出了累累硕果。

秦汉两朝，春秋战国先进的科学思想已经转化成了伟大的技术成果：那雄伟的万里长城，那神秘的秦始皇陵和巨大无比的阿房宫，至今仍闪耀着灿烂的光辉；那罕见的秦陵铜车马，那俊美的马踏飞燕，那精美的长信宫灯，都向全世界昭示着中华古文明曾经取得过的辉煌成就。

更重要的是，在两汉时期，先秦发达的天文、历法、算学、医学、地理、生物和应用技术都得到了系统的发展。古文经学的研究，诸子百家的重现，更为魏晋时期的思想解放奠定了重要基础。而那色彩艳丽的两汉古墓壁画和精美绝伦的汉画像石，则为魏晋时期的绘画艺术开创了先河。

千秋功罪

秦始皇

　　"秦王扫六合，虎视何雄哉！"这是唐代大诗人李白称颂秦始皇统一六国、称霸华夏的著名诗句。

　　战国后期，那些比较弱小的诸侯国早已经灭亡，在广阔的华夏大地上只剩下了齐、楚、燕、韩、赵、魏、秦七个强大的诸侯国。历史上称为"战国七雄"。

　　秦国因为占据了优越的地理位置，又修建了都江堰和郑国渠两大水利工程，在军事上和经济上都占了优势，于是，就开始向六国发动进攻。

秦始皇统一六国

战国七雄逐鹿中原，公元前221年，秦王嬴政扫灭六国，成就了一统天下的伟业。从那以后，东到大海，西到雪山，南到岭南，北到大漠全都并入了秦王朝的版图。

战国七雄中，韩国离秦国最近，所以，韩国是最先灭亡的。

秦国在关中平原修建郑国渠，本来是韩国间谍的阴谋，目的是为了消耗秦国的人力和物力，让秦国没有力量进攻韩国。但是，韩国打错了算盘，秦国修建了郑国渠，变得更加强大了。公元前230年，秦国的大军攻下了韩国的都城，首先灭了韩国。

《 张仪欺楚 》

六国之中，楚国的地盘最大，军事力量最强。齐国也很强大。因为楚国和齐国关系好，秦国一开始并不敢进攻楚国。

为了破坏"齐楚联盟"，秦王派了一个叫张仪的人来到楚国，用诡计欺骗楚怀王。愚蠢的楚怀王上了张仪的当，和齐国断绝了关系，使楚国失去外援，陷入了孤立。

公元前223年，秦国大将王翦率领60万大军攻入楚国。因为失去了外援，楚国——这个幅员辽阔、军事强盛的大国很快就被秦国灭亡了。楚国的爱国诗人屈原就是眼见自己的祖国遭到劫难，悲痛万分，才

张仪欺楚

中华文明故事

投汨罗江自杀殉国了。

因为秦国多次欺骗楚国，所以楚国人非常痛恨秦国，民间一直流传着"楚虽三户，亡秦必楚"的说法。意思是说，楚国即使只剩下三户人家，将来灭掉秦国的也一定是楚国人。后来，秦王朝还真的被楚国大将项燕的孙子项羽灭掉了。

《 "负薪救火" 》

如果说楚怀王是上当受骗，那么，魏国的国王比楚怀王还要笨。魏国是在楚国受骗以前就灭亡了。

魏国的策略是欺负弱国，对邻近的韩国、赵国总是出兵征讨，抢夺地盘。然而，却把自己挨着秦国的土地送给秦国，贿地求和。

魏国曾经出兵进攻赵国，中了齐国军师孙膑的"围魏救赵"之计，在桂陵被打得大败。后来，魏国又发兵进攻韩国，结果在马陵道中了孙膑的埋伏，大将庞涓被杀死，连太子申都被活捉了。

面对强秦的军事进攻，魏国不敢抵抗，只是一味地"割地求和"。为了讨好贪婪的秦国，魏国竟然先后向秦国献出了好几十座城池。

但是，魏国割让的土地越多，秦国的进攻就越厉害。主张"合纵抗秦"的苏代（著名纵横家苏秦的弟弟）警告魏安釐（lí）王说："魏国用割让土地的方法讨好秦国，就好像扛着干柴去救火，不仅把柴火烧

负薪救火

光了，火还越来越旺了呢。"

汉语中成语"负薪救火"就出自这个典故。

公元前225年，秦国大军引黄河、鸿沟之水，淹灌了魏国的都城大梁，魏国灭亡了。

《 燕齐赵相互攻杀 》

齐国的衰弱是从乐毅伐齐开始的。公元前333年，燕国的国君去世，齐国趁机出兵攻打燕国，于是两国结了仇。

为了报仇，公元前284年，燕国联合韩、赵、魏、秦四国，组成五国联军，在大将乐毅的率领下共同攻打齐国。在六国联军的沉重打击下，齐国几乎灭亡。这时，齐国的盟国楚国也出兵攻打齐国，并占了不少地盘。战争结束后，齐国的军事实力受到严重损害，丧失了抵抗强秦的能力。

燕国打败了齐国以后，非常骄横。公元前251年，"长平之战"刚刚结束，燕国想捡个便宜，就调集了两千辆兵车攻打赵国。不料，燕军被赵国的大将廉颇打得大败。廉颇率领赵国军队追击燕军五百多里，并且反过来包围了燕国的都城。最后，燕王只好向赵国割地求和。

如果说乐毅攻打齐国是为燕国洗雪国耻，那么，燕王出兵进攻赵国，就完全是乘人之危。

六国之间这么相互攻击，给秦国进攻他们提供了极好的机会。等到各诸侯国的君主都认识到只有"合纵抗秦"才能保住家园的时候，韩国、魏国、楚国已经被秦国攻灭，后悔来不及了。

《 荆轲刺秦王 》

韩国、魏国、楚国先后灭亡，剩下的燕、赵、齐三国十分惊恐。燕国的太子丹为了挽救危局，结交了一个叫荆轲的勇士，企图刺杀秦王。

荆轲从燕国出发的时候，太子丹亲自在易水边相送，场面十分悲壮。荆轲抱着必死的决心，在好友"风萧萧兮易水寒，壮士一去兮不复还"的送别歌声中，踏上了征途。

从那以后，华夏大地上就有了"自古燕赵多慷慨悲歌之士"的说法。

荆轲和助手秦舞阳带着燕国的地图来到秦国，想在献地图的时候取出匕首，刺杀秦王。最终，荆轲行刺秦王失败，铸成了千古遗恨。

从那以后，汉语中就有了成语"图穷匕见"。

公元前222～公元前221年，燕、赵、齐三国也先后被秦国攻灭，秦王嬴政终于吞并了六国，成就了统一大业。

从那以后，东到大海，西到雪山，南到岭南，北到大漠，全都并入了秦王朝的版图，秦王嬴政也当上了中国历史上的第一位皇帝——秦始皇。

但是，秦王朝在建立的时候，也埋下了隐患。

灭亡的隐患

秦始皇吞并六国，一方面依赖秦国优越的战略地位和强大的经济实力，另一方面也依赖商鞅的严刑峻法和血腥杀戮。

但是，严刑峻法和血腥杀戮虽然能取得暂时的军事胜利，却为秦王朝的灭亡埋下了隐患。

秦王朝靠严酷的法律、血腥的杀戮建立的苛政怎么能长久呢？残酷压迫之下的人民像一座巨大的活火山，压迫越沉重，反抗就越强烈。因此，秦王朝吞并六国之后，很快就灭亡了。

血腥的杀戮

公元前262年，秦国出兵切断了韩国上党郡与韩国本土之间的联系。因为上党紧挨着赵国，上党的郡守冯亭就带领上党军民归降了赵国。这件事情引起了秦国和赵国之间的一场大战，这就是著名的"长平之战"。

在这场大战中，秦、赵两国都动员了全国的兵力，最后秦军得胜。灭绝人性的秦将白起竟然把投降的40万赵国士兵全都活埋了，只释放了240个未成年人回国报信。这么残忍的事情在世界战争史上也是罕见的。

秦军的血腥杀戮吓倒了六国的贵族，也失去了民心，因为被杀的人都是普通士兵——老百姓的子弟呀！

严酷的法律

在秦统一六国的过程中，商鞅变法确实起到了重要作用。但是，商鞅变法是严刑峻法的残暴统治，它也为秦王朝埋下了灭亡的种子。

按照秦国施行的"商君之法"，秦国的老百姓"不许读书、不许经商、不许娱乐"，人们只能做两件事情：种田和打仗，《商君书》中把这叫做"耕战"。

按照秦国施行的"商君之法"，在战场上如果一名士兵临敌怯战，被处死的不仅仅是这名士兵，还要处分他所有的亲人，他的父母、妻子和兄弟姐妹无一幸免。

尽管这种残暴专制的统治在短时

商鞅

间内可以取得战争的胜利，但最终必然会引起人们的强烈反抗。所以，"商君之法"是一把锋利的双刃剑，对秦王朝的影响也是十分致命的。

《 沉重的剥削压迫 》

秦始皇统一六国之后，在全国开始推行"商君之法"。

那部《商君书》写得非常明白，按照"商君之法"，老百姓是没有任何自由的：没有迁徙的自由，没有经商的自由，没有读书的自由，没有娱乐的自由，甚至连思想上的自由都没有了。

秦王朝的赋税也远远超过了春秋战国时期。按照秦王朝的法律，农民种地要交纳土地税、粮食税、饲草税、禾秆税等好多种苛捐杂税，连成年男子结婚后分家单过，另立户头，也要向政府交纳户赋。

除了沉重的赋税之外，按照秦王朝的法律，男子到了规定年龄，还得服兵役和承担沉重的徭役，比如修筑宫室、运输物资、筑墙修路等等。作为一个秦国的百姓，实在是苦不堪言啊！

有人可能会问，大家不会逃跑吗？答案很简单，你根本跑不了。为了把老百姓束缚在土地上，"商君之法"规定，人们不许随便迁徙，老百姓连走亲戚都要得到官府的批准，实际上就是画地为牢。如果有人逃跑了，街坊、邻居和亲戚都要连坐。什么叫"连坐"呢？就是算共同犯罪。不仅自己要被处死，还要连累街坊、邻居和亲戚，谁还敢跑呢？

商鞅制订秦法

最后，连商鞅自己都死在了他制定的法律之下。

《 作法自毙 》

司马迁在《史记》中记载了一个很有讽刺意味的小故事。

秦孝公死了以后，有人告发商鞅"谋反"，商鞅便逃到了边境。因为天黑了，他想住旅馆，但是旅馆的主人却对他说："按照'商君之法'，没有官府发放的证件不能让你住宿，如果让你住这儿我是要'连坐'的。"

商鞅仰天长叹了一声，说道："法律的弊病竟然到了这种程度啊！"

最后，商鞅被捉住，并按照"商君之法"被判了车裂的酷刑。车裂，就是把人的两只手和两只脚分别捆在四辆方向不同的马车上，然后让人赶着马车向四个方向拉着跑——把犯人拉成四块，商鞅就这样被处死了。

因为秦国施行的法律都是商鞅制定的，所以从那以后，汉语中就有了成语"作法自毙"。

作法自毙

对文明的毁灭

秦王朝血腥、残暴的统治，自然遭到了主张"以民为本"的儒家学派的反对。为了禁止读书人用春秋战国时期的"民本思想"攻击秦国的苛政，秦始皇实施了灭绝人性的"焚书坑儒"。

秦始皇焚书的恶行，使先秦时期的古代文化典籍遭受了灭顶之灾。由于各国的藏书都被焚毁了，以致许多重要历史事件发生的年代和事情的真相至今都难以定论。

【 野蛮的焚书 】

公元前212年，秦王朝下达了野蛮的"焚书令"。按照这个法令，秦国以外的古代典籍必须全部烧掉。除了国家相关部门之外，任何人都不许保存古代的书籍，私人只能保留医学、占卜和种树的书。

秦国的法律还规定，凡是想学习法令的人，只能以政府的官吏为师。中国历史上"官越大真理越多"的谬论，就是从那个时候开始的。

秦朝的法律有两条最严酷、最野蛮：

第一条，凡谈论《诗》《书》的人，一律斩首。

第二条，凡"借古非今"——借用古人批评现实的人，全家处以死刑。

焚书

在秦王朝的严令之下，大批文化典籍，都被大火焚毁了。

春秋战国时期和古希腊一样，自然科学和社会科学是密不可分的，许多自然科学思想都是记载在诸子百家的书籍之中。例如《墨子》《列子》和《管子》中，都包含着丰富的自然科学知识，就连屈原的《天问》中也提出了许多重要的自然科学问题。

"焚书令"导致古代无数的文化典籍和诸子百家的学术著作都被无情的大火焚毁了。

《 血腥的坑儒 》

秦王朝从公元前221年统一六国起，到公元前206年灭亡，只存在了15年。很多人不明白强大的秦王朝为什么会这么短命，小说《三国演义》中东汉太傅马日磾批评王允的那句话是非常经典的答案："废典灭籍，其能久乎？"

秦始皇在焚书后的第二年，又下令活埋了几百名儒生，这就是历史上的"坑儒"事件。

坑儒

秦始皇焚书坑儒，彻底结束了春秋战国时期"百花齐放、百家争鸣"的大好局面，对中国先秦时期的文化进行了毁灭性的摧残。同时，也加速了秦王朝自身的灭亡。很快，华夏大地又陷入了战乱之中。

《 用活人殉葬 》

秦王朝最残忍的罪行就是用活人殉葬。在春秋时期，连俑人陪葬都曾经受到孔子的强烈谴责，因为俑人也是有人形的啊！但是，秦王朝却残忍地用活人殉葬。

秦国本来就有用活人殉葬的恶习，秦穆公死后就曾经用177人陪葬，甚至连良臣子车氏家族奄息、仲行、针虎三人都陪葬了。秦国的老百姓曾经吟唱《黄鸟》，对他们表示了深切的同情，《春秋左传》也对秦穆公的恶行进行了无情的批判。

秦始皇死后，被迫殉葬的人数远远超过了秦穆公。按照司马迁《史记》中的记载，秦国后宫之中，凡是没有生育过子女的宫人全部都殉葬了，残忍的秦二世还把在骊山为秦始皇修建陵墓的工匠们全部活埋在了地宫之中。

在秦王朝凶残暴虐、灭绝人性的统治之下，勤劳勇敢的劳动人民是不可能沉默下去的。终于，被压迫的人们拿起武器，向暴秦发起了反击，不可一世的秦王朝很快就落了个灰飞烟灭的下场。

秦王朝灭亡

《 揭竿而起 》

公元前209年，陈胜、吴广在大泽乡率领数百名戍卒揭竿而起，首先向秦王朝发起了挑战。

这支弱小的农民起义军只有几百人，他们的首领陈胜和吴广既不是指挥千军万马的将军，也不是出身显赫的贵族，他们只不过是两个普通的农民。然而，就是这么一支"斩木为兵、揭竿为帜"的农民起义军，一出手就把秦国的正规军打了个落花流水。

风起云涌的起义浪潮席卷了全国，貌似强大的秦王朝像纸房子一样迅速地土崩瓦解了。公元前206年，在各路反秦大军的沉重打击之下，秦王朝灭亡了。

为什么一直攻无不取、战无不胜的秦王朝，在短短的十几年间就变得这么不堪一击了呢？原因很简单，那就是因为秦王朝失去了民心。试想，一个完全依赖严刑峻法、血腥杀戮建立起来的专制王朝，一个公然实行"焚书坑儒、废典灭籍"野蛮行径的政权，怎么可能长久呢？

《 千秋功罪难评说 》

但是，不可否认的是，在秦王朝存在的短短十几年间，虽然实施过"焚书坑儒、废典灭籍"的恶行，对中华古文明进行了严重的摧残。但是，它也施行过"书同文、车同轨""统一度量衡"等措施，为社会的文明和进步做出了重要贡献。

秦王朝利用劳动人民的聪明和智慧，为我们留下了世界文明史上著名的三大奇迹：雄伟的万里长城、神秘的秦始皇陵、庞大的阿房宫遗址，至今仍然矗立在华夏大地上。

那么，秦始皇的千秋功罪究竟该如何评价呢？

其实，关于秦始皇的是非功过，人们已经争论了两千多年。因为有功有过，所以始终是仁者见仁，智者见智，至今并没有定论。

然而，无论古人和今人怎样评价秦始皇和他那个短命的秦王朝，那雄伟的万里长城、神秘的秦始皇陵、规模巨大的阿房宫遗址、震惊世界的秦皇陵兵马俑……永远见证着这个中国历史上最重要的、大一统的专制王朝，见证着这位举世无双的千古一帝！

惊三大奇观世界

　　秦王朝虽然只存在了短短的十五年，但是，却为我们留下了古代建筑史上的三大奇迹：雄伟的万里长城、神秘的秦始皇陵和巨大的阿房宫遗址。

　　直到今天，这世界文明史上的三大奇迹仍然矗立在华夏大地上，见证着秦始皇——这位千古一帝的功与过。

雄伟的万里长城

万里长城西起嘉峪关，东到山海关，全长约6000多千米。由城墙、镇城、关城、营城、卫所、敌楼、墩堡和烽火台组成，是世界上规模最大的军事防御工程。

古今中外，凡是到过万里长城的人，无不惊叹它那举世无双的磅礴气势和超越古今的宏伟规模。

万里长城，西起甘肃大漠中的嘉峪关，东到渤海岸边的山海关，全长约6000多千米。它像一条蜿蜒、矫健的巨龙，穿越群山，攀登绝壁，雄视草原，跨越大漠，起伏在崇山峻岭之巅，腾越在大河激流之畔。

万里长城是全世界规模最大的军事防御工程，从公元前8世纪开始，延续不断地修筑了2000多年。因此，万里长城可以说是一项"上下两千年，纵横上万里"的巨型工程。

万里长城不仅是中华民族的骄傲，也是全人类的骄傲。

《 万里长城从此起 》

不过，万里长城并不是从秦朝开始修建的，早在公元前8世纪的西周时期，为了防御北方游牧民族的侵扰，人们就开始在边境修筑长城了。

春秋战国时期，各个诸侯国因为军事上的需要，都在自己的边境筑起了长城，这个时期的长城被称为"先秦长城"。

公元前221年，秦王朝建立后，为了防御北方游牧部族的入侵，征集了大批民夫在原来燕、赵、秦三国北部边境旧长城的基础上，进行了大规模扩建，形成了今天西起临洮，东至辽东，蜿蜒万余里的万里长城。

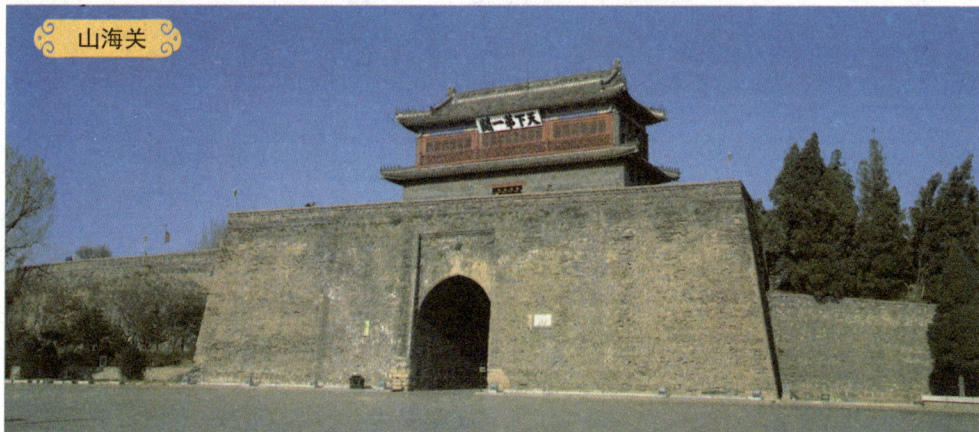
山海关

我们今天看到的万里长城，其实是在秦长城的基础上，经过历代王朝的多次修缮而保存下来的。

《 巨型军事防御工程 》

从秦朝开始，万里长城就成了全世界规模最宏大的军事工程。到了明代，万里长城已经变成了一个由镇城、关城、营城、卫所、城墙、敌楼、墩堡和烽火台组成的最完整、最庞大的军事防御体系。

在冷兵器时代，万里长城曾经起过非常重要的作用。明代，朝廷在长城沿线设置了辽东、蓟州、宣府、大同、山西、榆林、宁夏、固原、甘肃九个军事管辖区，被人们称为"九边重镇"。每个重镇设一个总兵，是当地的最高军事长官，每个总兵手下都有数万大军，负责防守自己管辖的这段长城防线，最多的时候在长城沿线有100多万驻军。

《 巧夺天工的城墙 》

秦汉时期的万里长城，并没有我们今天在八达岭上看到的这么雄伟。今天，只有在甘肃的玉门关附近，才可以看到2000多年以前秦汉时期修建的长城遗迹。

那时的万里长城，使用的建筑材料是多种多样的，有用土夯成的，有用片石垒成的，也有用砖石混合砌起来的。在西部的大戈壁上，有些城墙完全是就地取材——用红柳、芦苇与砂粒一层层地铺筑起来的。

其实，万里长城是我国广大劳动人民巧夺天工的创造啊！

《 依山傍水的结构 》

尽管万里长城是用不同的建筑材料修建的，但是具有重要战略价值的军事隘口都修筑得高大、坚固。为了便于防守，长城的许多地段都是利用山险和峭壁建成的"山险墙"和"劈山墙"。

在北京的八达岭，还有河北、山西和甘肃的险要地段，城墙都非常雄伟，平均高达7～8米。在城墙的外侧还设置了瞭望口、射击口和礌石口，以便抵御入侵的敌人。

在冷兵器时代，万里长城确实是一道难以攻克的重要军事防线。

《 险峻的关隘关城 》

长城，在重要的关隘附近都修建了关城。关城是庞大的万里长城防线上重要的军事据点。

关城大部分都选在最有利于防守的战略位置，形成"一夫当关，万夫莫开"的险要地势。有些重要的关城，还修建起了"多重防线"。例如，北京的居庸关，在主关城的前后左右还修建了南口、北口、上关、水关等多道险关。这样，敌人在进攻的时候，就很容易陷入四面受敌、被守军全歼的绝境。

长城上的许多关隘，都因为发生过重大的历史性战役而变得非常有名，例如，山海关、居庸关、雁门关等，都是著名的古战场。

《 烽火台传送军情 》

烽火台，是万里长城这项庞大军事工程的组成部分。

那么为什么叫烽火台呢？原来，防守在台上的士兵，其最重要的任务就是发现敌人入侵时，及时传递信息。由于传递敌情的方法很特别，白天燃烟，夜间点火，所以叫烽火台。

烽火台传送敌情的速度相当快，因为烟和火都是光信号，光速是每秒30万千米，所以烽火台传播信息的速度迅速，只是每个烽火台点燃烟火需要耽误几分钟时间。

长城上设置了许多烽火台，出现敌情时，在半个小时之内就可以把信息传送到千里之外。在古代，既没有电话，也没有无线电通讯，这种传递军情的办法真是太迅速、太科学了。

《 秦长城的修筑 》

在遥远的古代，修建这么一项庞大的军事防御工程，当然要耗费大量的人力和物力了。

秦始皇统一六国时，因为刚刚结束了长期的战乱，人口大减。据说，秦赵"长平之战"，赵军四十万投降的士兵被秦将白起坑杀后，赵国人口居然到了"壮者皆死长平，其孤未壮"的地步。可见，赵国人口很有限。而秦国在这一战中，"倾全国之兵"也只征集了七十来万，这说明秦国的人口也不是很多。

秦王朝没有多少人口，却要修建万里长城、秦始皇陵和阿房宫这三处规模宏大的工程，怎么办呢？只能征集全国的老百姓，让他们来承担沉重的劳役。

在民间广为流传的孟姜女哭长城的故事，就是在这样的历史背景下出现的。

孟姜女哭长城

尽管民间流传"孟姜女哭长城"的故事是虚构的，但是栽在秦始皇的头上并不冤枉他。因为，秦王朝修筑万里长城，确实让成千上万的女性遭遇了与孟姜女同样悲惨的命运。

电视连续剧《霍元甲》中有这样两句精彩的歌词：万里长城永不倒，千里黄河水滔滔。听起来确实非常有气势。但是，当年在冰天雪地的北方修筑长城的老百姓可没有这么好的心情。

中国民间一直流传着孟姜女哭长城的故事：

山东有一户姓范的人家，老夫妻俩只有一个儿子，名叫范杞梁。范杞梁18岁那年，父母亲托媒人给他定下了一房媳妇叫孟姜女。范杞梁忠厚老实，孟姜女温柔美丽，村里人都说他们俩是天生的一对。因为双方老人都挺满意，很快就择了个好日子成了亲。

千里寻夫

范老汉给儿子成亲之后，儿子和媳妇又孝顺、又勤快，老两口乐得整天合不拢嘴，就等着抱孙子了。突然有一天，从门外闯进来几个官府的衙役，一拥而上把新郎范杞梁抓走了，说是让他到北地去修筑万里长城。

范杞梁走后，孟姜女一个人在家伺候两位老人，生活过得很艰难，她每天想念着远行的丈夫。转眼间半年多过去了，孟姜女到处打听，也得不到丈夫范杞梁和同行伙伴们的一点消息，急得孟姜女吃不下饭，睡不着觉，有时候睡着了也会被噩梦惊醒。

过了一年多，丈夫仍然杳无音信，孟姜女实在不放心，决心离家寻找丈夫，并且发誓找不到丈夫绝不回家。安排好两位老人后，孟姜女就带上干粮和给丈夫缝好的御寒衣服上路了。

孟姜女虽然不认识路，但是她知道万里长城在北方，就一路向北走去。风吹日晒，雨雪冰霜，饥寒交迫，步履艰难，她一点都没放在心上，只想着和丈夫早日团聚。

《 哭倒长城 》

孟姜女在路上走了好几个月，终于来到了长城脚下。看到荒凉的山野连个人影也没有，孟姜女的心都凉透了。她登上城墙，看到不远处有一个小村子，就到了村子里，向人们打听丈夫的下落。

有位好心人含着泪对孟姜女说："那些被抓来修长城的人全都死了，就埋在城墙下边。"

这个不幸的消息如同晴天霹雳，孟姜女当时就昏倒了。醒来后，她心痛欲裂，禁不住放声大哭，真是泪如泉涌，声闻九天。

据说，孟姜女这一哭，就哭了三天三夜，只哭得天昏地暗、日月无光；只哭得惊雷阵阵、黑云压城。孟姜女一边哭，一边还大声呼喊着：

"老天啊！你为什么要拆散我们夫妻？皇帝啊！你为什么要修这万恶的长城？你还我的丈夫，还我的丈夫啊！"

伴随着惊雷闪电和孟姜女撕心裂肺的哭声，长城开始一段段崩塌，万里长城足足被她哭倒了八百多里。

孟姜女终于见到了丈夫的

孟姜女千里寻夫

骸骨，悲痛万分的她安葬了丈夫之后就跳海自杀了。孟姜女哭长城的故事，始终被人们传诵着。后人还在传说中孟姜女跳海殉情的地方，给她修建了一座庙，取名为"孟姜女庙"，至今古迹犹存。

如今，凡到北戴河游玩的人们，都要去看看距山海关不远处的孟姜女庙，以表示对这位多情、善良女性的敬仰之情。

神秘的秦始皇陵

据说，在秦始皇陵的地宫中，穹顶上是日月星辰，下面是万里江山，有用水银制作的江河湖海，还有各种奇珍异宝。地宫中还安装了机弩，只要有人进去，立即就会被乱箭射死。

秦王朝的第二大奇迹，就是规模巨大的秦始皇陵。

如果说秦始皇修筑万里长城是为了国家安全的话，那么修筑规模巨大的秦始皇陵纯粹是一件劳民伤财、危害国家的蠢事。

《 威武的兵马俑阵 》

1974年3月，陕西省骊山脚下临潼县西杨村村口，抗旱打井的村民们挖出了好几个身披铠甲的陶制武士。

经专家鉴定，这些武士都是秦王朝时期烧制的陶俑。这里距秦始皇陵近在咫尺，所以考古学家们认定，这些陶俑就是为秦始皇陪葬的兵俑。

这年7月，考古队进驻了西杨村。经过一年的发掘，一座巨大的兵马俑坑被揭开了，饱受2000多年黑暗挤压之苦的几千件兵马俑和几十辆战车，终于重见天日了。

尽管这些兵马俑已经残缺不全，但是那庞大的阵容，威猛的气势，仍然让人感到有一股叱咤风云、驰骋疆场的杀气扑面而来。

自1974年以来，人们在秦始皇陵周围，先后发现了三处巨大的兵马俑陪葬坑，总面积超过了20000平方米，出土了8000件陶俑、上百辆战车和4万多件实物兵器。

秦始皇陵的兵马俑阵，是迄今为止世界上唯一阵容强大、规模雄伟的陶俑军阵，因此被誉为"世界第八大奇迹"。

秦陵兵俑

神秘的秦始皇陵

尽管为秦始皇陪葬的兵马俑坑十分巨大，但是和整个秦始皇陵园比起来，那是微不足道的。整个秦始皇陵占地56平方千米，能放进去78个故宫。目前，在陵园范围内已经发现了兵马俑坑、石甲坑、文官俑坑、铜车马坑、百戏俑坑、珍兽马厩坑、水禽坑和殉葬坑等大大小小的各类陪葬坑600多处。

但是，这600多处陪葬坑也只是这座巨大陵园的冰山一角。秦始皇陵的核心建筑，其实埋藏在这巨大的封土堆之下，据说是奢华无比的地下宫殿。

由于秦始皇陵至今都没有发掘，所以这座神秘的地下宫殿究竟什么样，只能从历史的记载中去寻找了。

按照司马迁《史记》中的记载，秦始皇的地宫中放满了奇珍异宝，地宫的穹顶上面是日月星辰，下面是万里江山，还有用水银制作的江河湖海。据说，地宫中还点着用鲸鱼油制作的巨大无比的烛火，可以燃烧很长时间而不熄灭。

为了防止有人盗墓，秦始皇陵的地宫中还安装了许多机弩，只要有盗墓者胆敢进入，立即就会被乱箭射死。中国的许多帝王古墓都被盗过，但是从古至今，还没有一个盗墓贼胆敢动一动这位千古一帝的大墓。

1981年，中国科学院的地质学家们用现代化的仪器对秦始皇陵进行了两次测试，测试结果发现在那巨大的封土堆下确实埋着大量水银。所以，《史记》中秦始皇陵墓"以水银为百川江河大海"的说法，可能是真的。

民夫的归宿

《史记》中说，修建秦始皇陵的时候征集了七十多万民夫和刑徒。今天，站在骊山顶上，举目四望，苍天笼罩，四野茫茫，只有气势宏大的秦始皇陵的封土堆矗立在天地之间。那么，完成如此巨大工程的民夫们现在何方？

按照司马迁《史记》的记载，秦始皇下葬后，为了防止有人泄露地宫的秘密，秦二世下令把所有活着的工匠和刑徒，全都集中到了陵墓中，然后封闭了地宫，这些工匠和刑徒也就成了秦始皇最后的殉葬品。

天下第一阿房宫

秦王朝的第三大奇迹，就是被称为"天下第一宫"的阿房宫。阿房宫是我国历史上最庞大的宫殿建筑群，遗址在距西安郊区15千米的阿房村一带，是1961年国务院公布的第一批全国重点文物保护单位。

古人记载的阿房宫，规模非常宏大。其中，唐代诗人杜牧描述得最为壮观。按照杜牧的说法，阿房宫周围有300多里，先沿着骊山北麓修建，然后又折向西方一直通往咸阳。宫中有两条河水注入，五步一楼，十步一阁，整个建筑遮天蔽日，极其奢华。

《 未完成的阿房宫 》

史书上说，早在秦惠文王的时候，秦国就开始在这个地方兴建离宫了。秦始皇统一六国以后，又在原来的基础上修建巨大的宫室——著名的阿房宫。

公元前210年，秦始皇死后，秦二世胡亥继续修建。据说，工程没有完成，秦王朝就灭亡了。

杜牧在《阿房宫赋》中说阿房宫的规模"覆压三百余里，隔离天日"，虽然有点夸大，但从残存的遗址上看，阿房宫确实规模宏大、雄伟壮观。遗址范围东至皂河西岸，西至长安县境，总面积有11平方千米，相当于15个北京故宫的面积。

1994年，联合国教科文组织经过实地考察，认定秦朝阿房宫遗址建筑规模宏大，保存完整，在世界古建筑中名列第一，属于世界建筑奇迹和著名古代宫殿遗址，被誉为"天下第一宫"。

《 阿房宫前殿遗址 》

在许多历史文献中，都有关于阿房宫的记载。其中，以司马迁的

《史记·秦始皇本纪》和唐朝诗人杜牧的《阿房宫赋》最有名。

按照司马迁《史记》中的记载，阿房宫的前殿就可以容纳上万人，殿下可以建五丈旗帜。前殿四周还修建了宽阔的阁道，从大殿一直延伸到南山脚下。

可惜的是，由于年代久远，阿房宫前殿现在只剩下一座巨大的、长方形的宫殿台基了。经过实地探测发现，阿房宫前殿的台基长1320米，宽420米，相当于整个故宫面积的三分之二。这座宫殿遗址的位置和规模与司马迁《史记》中记载的阿房宫前殿非常相符。

《 磁石门遗址 》

磁石门是阿房宫的重要宫门，遗址就在三桥镇阿房宫前殿遗址北面的夯土层上。

阿房宫用磁石建门，主要是防止有人对皇帝行刺。利用磁石的吸铁功能，可以使身藏刀剑的刺客无法通过。由于年代久远，磁石门早已不存在了，现在只能看到重新修建的磁石门遗址。

《 上天台遗址 》

上天台是一座高台，位于阿房村南面，台底东西长42.5米，宽20米，台顶比较小，台高约15米。台的西北角有向西伸出的坡道，直通台下。

上天台遗址距阿房村很近，人们在台下发现了大量秦代的绳纹瓦片、空心砖和烧红了的土块。

考古学家们已经认定，这里确实是一处巨大的宫殿遗址，而且在历史上确实经受过大火的焚烧。

《 其他重要遗址 》

在阿房宫前殿的东北角200米处，还发现了一处巨大的建筑遗址。人们在这儿发现了大型的石柱基础和绳纹瓦片，瓦片上还有清晰的"北司""左宫""右宫""宫甲"等用秦朝小篆书写的文字。

在阿房宫前殿正北1000多米的小苏村，发现了6件青铜制成的秦代建筑构件。

在阿房宫前殿正北3000多米的后围寨村还发现了另外一处高台建筑遗址，并且出土了用秦代花纹空心砖砌筑的踏步、排列有序的柱础石和陶制的水道。可以认定，这里也是当年阿房宫中的宫殿旧址。

由此可见，秦代阿房宫的规模之大确实是世界之最。

《 阿房宫的童谣 》

有人说阿房宫还没有建成，秦王朝就灭亡了，也有人说阿房宫建成后被楚霸王项羽放火烧毁了。唐代诗人杜牧在《阿房宫赋》中是这样写的："戍卒叫，函谷举，楚人一炬，可怜焦土！"可见，他已经认定阿房宫是秦朝末年被楚霸王项羽放火烧毁的。

但是，说阿房宫没有修完，并没有直接的证据；说阿房宫是被大火焚毁的，也没有直接的证据。虽然发现了个别地方有火焚的遗迹，但是范围很小，所以至今也没有定论。

总之，神秘的阿房宫给我们留下了太多的谜团。但是有一点是肯定的，阿房宫的修建同万里长城、秦始皇陵一样，与秦朝的短命和灭亡有着重要的因果关系。

由于修建万里长城和秦始皇陵，已经把人们推进了水深火热之中，阿房宫的修建更加引起了秦朝老百姓的强烈不满。就像当年童谣中所唱的那样："阿房、阿房、灭始皇。"

千古绝唱 司马迁

今天，我们能够比较清晰地了解两千多年前的历史，应该归功于西汉伟大的史学家、文学家、思想家司马迁。

司马迁的《史记》记载了从三皇五帝到西汉时期好几千年间的历史，因为当时司马迁还能够看到许多古代的书籍，所以《史记》比后来史学家们编写的史书更加真实。

更重要的是，《史记》对历史事件都是如实记载的，即使对西汉的当权者也没有半点儿的阿谀逢迎。因此，后人称赞司马迁"刚直不阿，秉笔直书"。著名的文学家、思想家鲁迅先生对《史记》的评价非常高，称赞这部史书是"史家之绝唱，无韵之《离骚》"。

司马迁奋发修史

司马迁（前145年—约前87年），复姓司马，名迁，字子长。有人认为他是陕西韩城人，也有人认为他的出生地是山西河津，众说纷纭，至今仍没有定论。

司马迁从小聪明好学，10岁那年就跟随父亲司马谈来到了京师长安。他拜当时的大儒孔安国为师，很快就成了一名学识渊博、见识深远的青年学者。

司马迁的父亲司马谈是西汉王朝的太史令，他有一个理想，就是继承孔子的事业，编纂一部更翔实的史书。所以，他广泛搜集史料，为编写史书做准备工作。

司马谈知道，撰写这么一部庞大的史书，无论时间、精力，还是才学、知识，自己都很难胜任，于是，就把希望寄托在了儿子司马迁的身上。

司马迁的《史记》，记载了上起三皇五帝，下至西汉武帝数千年间发生的重大历史事件，记载了古代学者在天文、历法、河渠、音律等许多方面取得的重要成果。

司马迁

《 行程万里 》

司马谈知道"读万卷书，不如行万里路"的道理，因此，在司马迁20岁那年，他就决定让儿子外出游学，增长见识。

这次游历，司马迁饱览了祖国的大好河山。他南游吴越，在会稽瞻仰了著名的大禹陵。在汨罗江畔，亲身体验了屈原对楚国山河的真挚情感。他还游历了韩信的故乡淮阴，访问了当地的父老，详细了解了淮阴侯韩信青年时代的故事。

因此，司马迁在《史记》中写大禹治水，能写得那么动人心魄；写屈原以身殉国，能写得那么感人肺腑；写兴汉灭楚的名将——淮阴侯韩信，能写得那么生动传神。

青年时代的司马迁

《 忍辱负重 》

司马谈去世两年后，司马迁就接替父亲当上了西汉的太史令。在完成本职工作的同时，司马迁全身心地投入到了撰写《史记》的工作中。

公元前99年，汉朝出了一件大事，汉武帝派大将李广利率兵攻打匈奴，司马迁的好友李陵也参加了这次军事行动。

李陵率领5000人马深入敌境，兵败被俘，汉武帝竟然杀了李陵的全家。司马迁由于为李陵辩解，也遭受了残酷的宫刑。

司马迁本来想一死了之，但是想到父亲临终的重托，又忍辱负重地活了下来。

公元前96年，汉武帝大赦天下，司马迁才恢复自由。司马迁出狱后仍然担任太史令，并且把全部精力都用在了《史记》的撰写上，这时他已经50岁了。

《 秉笔直书 》

公元前91年，《史记》终于完成了。这部书从三皇五帝开始，一直写到汉武帝时代，共130篇，52万多字，不仅详细记述了几千年间发生的重大历史事件和历史人物，而且记述了中国古代学者在天文、历法、河渠、音律等许多方面取得的重要科学成果。

俗话说"文如其人"，《史记》也像司马迁本人一样，有一副铮铮铁骨。由于《史记》"刚直不阿，秉笔直书"，触犯了许多皇家的禁忌，司马迁很担心这部书会给自己和家人引来祸患。为了以防万一，书一写完，他就抄好副本，藏了起来。

据说，《史记》在西汉一朝始终隐匿在民间，直到东汉才开始流行。但是，它仍然被官方看作"谤书"——诽谤朝廷的书。

司马迁的《史记》确实是所有的史学著作中最真实可信的，书中对农民起义领袖陈胜进行了赞美和讴歌，对刘姓皇族阴狠丑恶的罪行进行了有力的鞭挞，并且生动地再现了项羽、韩信、彭越等楚汉相争中的英雄人物。

司马迁笔下的陈胜

司马迁在《史记》中，以极为赞赏的笔调描述了秦末农民大起义，而且把起义的领袖人物陈胜列入了王侯将相的行列，并专门为他撰写了《陈涉世家》。

《 鸿鹄之志 》

司马迁在《陈涉世家》中讲述了这样一个有趣的故事：陈胜年轻时受人雇佣在田间耕作。有一天，大家在田埂上休息，陈胜惆怅地叹息了好久，然后对同伴们说："将来，如果有谁富贵了，可不要忘记大家啊！"

在一起干活的同伴嘲笑他说："你只是一个被雇佣的种田人，哪里来的富贵呢？"

陈胜长叹了一声，说道："唉，燕雀怎么能知道鸿鹄的远大志向呢！"《史记》记载了陈胜的原话："燕雀安知鸿鹄之志哉！"

公元前209年，秦王朝征集贫苦百姓去驻守渔阳，陈胜和吴广是这队戍卒的队长。由于天下大雨，道路不通，他们走到大泽乡时已经误了期限。

按照秦朝的法律，误了期限是要被杀头的。于是，陈胜和吴广商量："误了期限是要被杀头的，现在逃亡被抓回来肯定也会被处死，发动起义顶多也就是一死，反正都是死，咱们为国家大事而死怎么样？"

于是，他们决定发动起义，推翻暴秦。

《 古庙狐声 》

于是，他们就用朱砂在白绸子上写了"陈胜王"三个字，放在别人捕获的鱼肚子里。当戍卒们买回那条鱼煮着吃的时候，就发现了鱼肚子里那块写着"陈胜王"的白绸子。这件事已经让大家感到很怪异了。深夜，陈胜又让吴广藏在丛林的神庙

古庙狐声

里，学着狐狸嗥叫的声音，凄厉地大喊："大楚兴，陈胜王！"搞得戍卒们整夜都很惊恐。第二天，人们到处谈论这两件怪事，并且都用眼睛注视着陈胜，有的人还用手对他指指点点的。

这时，陈胜和吴广故意激怒押送他们的那两名军官，并动手杀死了他们。

然后，他俩召集众人商议："咱们遇到大雨，已经误了到达渔阳的期限。按照秦朝的法律，误了期限是要被杀头的。即使不被处死，戍守边塞也很难活下来。壮士不死也就算了，要死就要死得轰轰烈烈！"

接着，这位胸怀大志的贫苦百姓口中发出了时代的最强音："王侯将相宁有种乎？"意思是：帝王将相难道都是天生的吗？

众人纷纷赞成。陈胜、吴广率领起义军先攻下大泽乡，接着，又攻占了蕲县。在蕲县，陈胜开始称王——陈胜王，并建国号"张楚"，就是张大楚国的意思。这支农民起义军一路壮大，打到陈县的时候，已经有六七百辆兵车，几千骑兵和好几万士兵了。

尽管在秦王朝的血腥镇压之下，陈胜、吴广的起义军只坚持了六个月就失败了。但是，由此却揭开了武装反抗暴秦的序幕。对陈胜、吴广起兵反秦的"首义"之功，司马迁给予了很高的评价："陈胜虽死，其所置遣侯王将相竞亡秦，由涉首事也。"

司马迁笔下的韩信

在《史记》中，司马迁还为灭楚兴汉的大将韩信专门立了传。对韩信杰出的军事才能进行了深刻、详细、生动的描述，并对韩信的历史功绩进行了高度赞扬。

在司马迁的笔下，不仅洗去了韩信身后的沉冤，而且无情地鞭挞了司马迁在《史记》中虽然没有直接指出韩信之死是冤案，但是却用手中的笔真实地再现了韩信杰出的军事才能、卓越的历史功绩和他对汉王刘邦的耿耿忠心。

大将韩信

刘邦杀戮功臣的残忍和奸诈。

《 韩信破赵 背水列阵 》

在《史记》中，司马迁十分生动地再现了"韩信破赵、背水列阵"的故事。楚汉相争的时候，韩信、张耳率领将近十万人马，准备突破险要的井陉口，攻击赵国。赵王和成安君陈余听说韩信率军来攻，就在井陉口聚集了二十万大军，准备迎击。

广武君李左车向陈余献计："井陉道路艰险，骑兵不能排成行列，战车不能并行，韩信的军队迤逦数百里，运粮食的队伍必然远远落到后边。希望您给我三万奇兵，从小路截断汉军的粮草。您深沟高垒，坚守不战。汉军前进不得，后退无路。用不了十天，韩信、张耳两员汉将的人头就可以送到将军的帐下了。"

但是，陈余没有听从李左车的建议。

韩信派人暗中打探，知道陈余没有听从李左车的建议，才小心翼翼地领兵进入了井陉狭道。

半夜，韩信挑选了两千名骑兵，命令他们每人拿一面红旗，从小路上山，隐蔽起来。并对他们下令："明天交战，赵军看见我军败逃，肯定会倾巢出动，你们火速冲进赵军的营垒，竖起我军的红旗。"

接着又传令全军："打垮了赵军，犒劳三军。"因为赵军比汉军人数多一倍，又占据着有利地形，众将都不大相信。

天不亮，韩信就让先头部队开出大营，背靠绵蔓河水列好了阵，准备迎击赵军。

因为背水列阵是兵家大忌，所以赵军远远望见，大笑不止。天刚蒙蒙亮，韩信就率领汉军主力打着大将的旗帜和仪仗，出营交战了。

赵军也冲出营垒攻击汉军，双方激战了很长时间。韩信、张耳抛旗弃鼓，大败而逃，退回到背水而列的军阵之中。

赵军追上来，两军再次发生激战。汉军因为背后是河水，没有退路可逃，只好拼命死战。

这时，隐藏在山上的那两千汉军，突然冲进了赵军营垒，把赵军的旗帜拔掉，竖起了汉军的红旗。

赵军打了半天也不能取胜，正想退回营垒，突然发现自家营垒插满了汉军的红旗，非常震惊，纷纷落荒而逃。汉军前后夹击，彻底打垮了赵军，杀了陈余，生擒了赵王。

从那以后，汉语中就有了成语"背水一战"。

《 忠心向汉 千载沉冤 》

韩信大战井陉，杀死了陈余。接着，又打败了楚国二十多万大军，威名远震。项羽害怕了，派了一个叫武涉的人去游说韩信，想让韩信脱离刘邦，自己独立，形成三分天下的局面。

韩信对刘邦十分忠心，他回答武涉说："汉王封我为上将军，给我数万人马，脱下身上的衣服让我穿，把自己的美食让我吃，事事听从我的计策，我才能有今天。汉王这么信任我，我背叛汉王是不应该的，我宁死也不做这样的事。"

后来，齐人蒯通也来劝说韩信："现在楚、汉双方的命运完全取决于您，您助汉汉就胜，助楚楚就胜。如果按我的计策，您谁也不用助，让他们双方都存在下去，然后和他们三分天下，定成鼎足之势。"

韩信回答蒯通说："汉王待我很好，让我乘他的车，穿他的衣服，吃他的美食。我听说，乘人家的车子，就要与人同患难；穿人家的衣服，就要为人分忧愁；吃人家的美食，就要为人去死。我怎么能为了三分天下而违背仁义道德呢？"

蒯通对韩信说："您有让君主震惊的威势，又立下了没法赏赐的大功。您归楚，楚人不信任您；您归汉，汉人也害怕您。您身为臣子，名声却威震天下，让君主害怕，我真为您担心啊！"

但是，韩信却毫不动心，最终帮助刘邦灭掉了项羽，成就了汉朝的一统天下。

然而，刘邦可没有韩信那么厚道。正如蒯通所说的那样，刘邦当了皇帝，果然对韩信很不放心，很快就以"谋叛"的罪名杀害了韩信，还灭了韩信的三族。

在《史记》中，司马迁借韩信之口道出了事情的本质："飞鸟尽，良弓藏；狡兔死，走狗烹；敌国破，谋臣亡。"这虽然不是对淮阴侯韩信的称颂，却是对汉高祖刘邦杀戮功臣的有力鞭挞。

知恩图报 品格高尚

在《史记》中，司马迁还生动、详细地描写了韩信知恩图报和不计前嫌的故事，以彰显这位大汉开国功臣的优秀品格。

书中记载，韩信不得志时，天天挨饿。有一天在河边钓鱼，一个漂洗衣服的老妈妈看他可怜，就把自己的饭给他吃了。韩信非常感激，发誓要报答这位老人。

韩信被封为楚王以后，立即找到了这位老妈妈，并送给她千金，以报答当年对自己的恩惠。如今，淮安的"漂母墓"和"报恩亭"古迹犹存。

书中还记载，韩信当年虽然不得志，但仍然背着宝剑。有个市井无赖欺负他，对他说："你个子不小，还喜欢背着剑。你要真有胆量，就杀了我，要没胆子，就从我的胯下爬过去！"

韩信不想杀人，就从这个无赖胯下爬了过去。韩信被封为楚王后，这个无赖吓坏了。但是，韩信找到他以后不仅没有杀他，还让他在自己手下当了一名小将领。在淮安，"胯下桥"至今古迹犹存。

司马迁笔下的项羽

司马迁不是一个以成败论英雄的庸俗历史学家，尽管项羽并没有真正称帝，但是司马迁在《史记》中仍然专门撰写了《项羽本纪》，对这位反抗暴秦的英雄进行了热烈的讴歌和赞颂。

在《史记·项羽本纪》中，司马迁把楚霸王项羽完全写活了。其中，对项羽大破秦军的"巨鹿之战"，描述得最为生动详细、震撼人心。

在司马迁的笔下，不仅如实地记述了项羽在诛灭暴秦的战争中立下的丰功伟绩，再现了他气吞山河的英雄形象，而且细腻地刻画出了他临危不惧、视死如归的过人气概。

《 巨鹿之战 》

在司马迁的记述中，秦军把赵军包围在巨鹿，前来救援的楚军统帅卿子冠军宋义因为害怕秦军，不敢交战。各诸侯国的救兵虽然扎下十多个营寨，也都因为害怕秦军不敢出兵。战事已经到了紧要关头，秦军只要攻下巨鹿，接着就会把前来救援的义军各个击破。

项羽当时是宋义的副将，对宋义畏敌如虎的做法非常愤怒。于是动手杀了宋义，亲自率领楚军渡河攻击秦军。

楚军渡河后，项羽立即下令把船只全部凿沉，把饭锅都砸烂，每个人只带三天的口粮，与秦军拼死一战。这就是汉语中成语"破釜沉舟"的由来。

项羽率军冲过河去，与王离、苏角率领的秦军相遇，经过激战，截断了秦军的粮道。接着，又交战九次大破秦军主力，杀死了苏角，活捉了王离，取得了灭亡强秦的决定性胜利。

项羽率领楚军与秦军激战的时候，各诸侯国的大将都站在营寨的壁垒上观看。楚兵以一当十，呼声震天，很快就打垮了秦军。汉语中成语"作壁上观"就源于此。

司马迁在书中还写道，巨鹿大战结束之后，项羽召见各路诸侯，进辕门的时候，人们全都跪下膝行而进，没有一个人敢抬头仰视项羽。在司马迁的笔下，项羽——这个反抗暴秦的英雄形象跃然纸上。

《 自刎乌江 》

司马迁对项羽兵败后"自刎乌江"的描述也很生动，给后人留下了深刻的印象。

项羽被刘邦打败后，本想东渡乌江，召集人马再打回

项羽

来。乌江亭长把船停靠在岸边，对项羽说："江东虽小，有土地千里，民众数十万，足够称王的，希望大王赶快过江。"

项羽笑着说："既然上天要亡我，我为什么还要渡江呢？况且当年我率领江东八千子弟兵渡乌江灭秦，现在没有一个人生还。就算江东父老兄弟还怜爱我，仍然拥立我为王，我又有什么脸面去见他们呢？"

最终，项羽没有过江，而是英勇地冲入了战场，受伤后还杀死了许多敌人，最后拔剑自刎了。

因为有了司马迁对项羽形象的生动描述，才有了今天的京剧名段《霸王别姬》，才有了南宋女词人李清照的千古绝唱："生当作人杰，死亦为鬼雄。至今思项羽，不肯过江东。"

司马迁笔下的刘邦

司马迁刚正不阿、秉笔直书，还表现在对汉高祖刘邦和刘邦的老婆吕后的鞭挞与揭露上。

《 小混混的形象 》

司马迁在《史记·高祖本纪》中对汉高祖刘邦是这样描述的："高祖为人，隆准而龙颜，美须髯，……及壮，试为吏，为泗水亭长，廷中吏无所不狎侮，好酒及色。"

刘邦

仔细阅读这番描述，一个高鼻梁、美胡须、外表长得相当漂亮，但是却不务正业、贪酒好色，专门喜欢欺侮同事的"小混混"形象，立即清晰地展现在了读者面前。

在司马迁笔下，刘邦这个"小混混"，与"长八尺余，力能扛鼎，才气过人"的楚霸王项羽相比差得太远了，甚至连陈胜也不如。

《 小无赖的嘴脸 》

在《史记·项羽本纪》中，司马迁还记载了这样一个故事：楚汉相争时，刘邦派人断了项羽的粮道。于是，项羽就抓了刘邦的父亲刘太公，并且架起大锅，把刘太公放在了锅里，然后对刘邦说："今天你不下令退兵，我就烹了太公！"

刘邦回答说："我和你本来都是楚怀王的臣子，曾相约为兄弟，我的父亲就是你的父亲，如果你一定要把咱们的老父亲烹了，请别忘了分给我一杯羹。"

从司马迁笔下可以看出，项羽确实被刘邦的背信弃义激怒了，而刘邦就更不像话了，人家要烹他的父亲了，还能说出"分给我一杯羹"的笑话。

司马迁用这件事把刘邦那副小无赖的嘴脸刻画得淋漓尽致，这就难怪《史记》在东汉流行时，朝中的官员都称这部书为"谤书"了。

司马迁笔下的吕后

后世的史学家在编写本朝历史的时候，对皇室做的坏事大都是避而不谈的，叫做"大恶必隐"。但是，司马迁的笔下却一点儿没留情面。

《 阴狠恶毒的本性 》

在《史记·吕太后本纪》中，司马迁如实记载了吕后阴狠恶毒的本性。

汉高祖死后，吕后先把戚夫人囚禁了起来，然后召戚夫人的亲生儿子赵王如意进京。

使者往返了好多次，都受到了辅佐赵王的大臣建平侯周昌的阻止。周昌明确表示："我听说太后怨恨戚夫人，想把赵王召去杀掉，我不能让赵王前去。"

吕后非常恼怒，就下令先把周昌召到长安，然后又派人去召赵王。赵王只好动身去了京城。惠帝刘盈虽然是吕后生的，但是对弟弟赵王如意非常疼爱，知道太后恨赵王，就亲自到霸上迎接，并带他回到宫中，同吃同住，亲自把这个同父异母的小弟弟保护了起来。

吕后想杀害赵王，却始终得不到机会。公元前194年12月，有一天清晨，惠帝出去射箭，吕后探听到只有赵王独自在家，就派人拿毒酒让他喝了下去。等惠帝回到宫中，赵王已经死了。

《 灭绝人性 》

司马迁在《史记·吕太后本纪》中还记载，赵王死后，吕后就派人砍断了戚夫人的手和脚，还挖去了她的眼睛，熏聋了她的耳朵，并给她灌了哑药，然后把她扔到猪圈里，叫她"人彘"。过了几天，吕后还让惠帝去看"人彘"。

惠帝问是谁，吕后说是戚夫人。惠帝大哭，从此就生了病。惠帝派人见吕后，对她说："这根本就不是人干的事，我作为太后的儿子，再也不能治理天下了。"从此，惠帝每天饮酒作乐，不问朝政，过了五六年，就病死了。

司马迁在书中不仅鞭挞了吕后灭绝人性的残忍，对戚夫人和赵王如意表示了深刻的同情，而且盛赞了汉惠帝的慈爱和他对赵王如意亲密的兄弟情谊。

司马故里之谜

关于司马迁的故里，从古到今，始终是众说纷纭。尽管《辞海》上说司马迁是陕西韩城人，但是似乎连司马迁自己都不认可。

现在，司马故里有两处，一处在陕西韩城，另一处在山西河津。

《 韩城司马故里 》

今陕西省韩城县芝川镇附近有两处司马迁祠，一处名为"汉太史司马迁祠墓"，另一处名为"汉太史遗祠"，两祠相距仅3.5千米。

"汉太史司马迁祠墓"坐落在韩城县芝川镇的南垣上，从坡下到垣顶依山而建。登上垣顶，可以发现该祠墓东临滔滔黄河，南卧古魏长城，西望巍巍梁山，北听潺潺芝水，确实是山环水绕、气象万千的形胜之地。目前，这里已经是全国著名旅游景点。

距"汉太史司马迁祠墓"仅3.5千米的徐村还有一座"汉太史遗祠"。当地传说，司马迁死后，悲痛中的司马夫人为了保存《史记》，让两个儿子司马临和司马观带着《史记》的手稿逃回了故乡韩城。为了避免株连九族，大儿子的后人在"马"字旁边加了两点，改成了"冯"姓。小儿子的后人在"司"字旁边加了一竖，改成了"同"姓。两家共同修建了这座"汉太史遗祠"。直到今天，汉太史遗祠依然完好地保存在这个千年古村落中，而村中同姓和冯姓的后人每年都隆重地祭祀他们共同的祖先——司马迁。

《 河津司马故里 》

但是，司马迁似乎并不承认自己是陕西韩城人。

在《史记·太史公自序》中，司马迁是这样写的："迁生龙门，耕牧河山之阳。"龙门，自古以来指的就是绛州龙门——今山西河津，说韩城也可以叫"龙门"确实太牵强了。古时候人们普遍认为，西为阴，东为阳，所以"河山之阳"没有任何疑问——就是山西河津。因此，司马迁其实已经明确地告诉世人，我出生在山西河津。

清朝学者孔尚任编纂的《平阳府志》明确记载："汉太史公墓，在（河津）县西十五里。"更权威的记载是北魏郦道元的《水经注》，这位中国古代最伟大的地理学家明确地写道："司马长子墓，墓前有庙，庙前有碑。永嘉四年，汉阳太守殷济瞻仰遗坟，大其功德，遂建石室、立碑、树柏。"

因此可以认定，司马迁的出生地和司马迁的墓都在山西河津。这与《太史公自序》中的"迁生龙门，耕牧河山之阳"完全一致。更有力的证据是，河津新封村至今仍然生活着司马家族的后人，他们仍然复姓"司马"，并祖祖辈辈供奉司马迁为祖先。

司马迁的故里到底在河西还是在河东，也许将成为一个永久的谜团，但这并不重要，反正他出生在黄河岸边，河东、河西离他的故乡都不会太远。

秦始皇千秋功罪
惊世界三大奇观
司马迁千古绝唱
青流万古流芳
天文学世
中医
丝绸
秦汉星光耀千
精湛艺术画像石

汉 万古流芳 清流

东汉"清流党人"的故事，尽管是司马迁以后的事情。但是，故事的起源却还在司马迁写《史记》之前。

公元前207年，华夏大地上出现了翻天覆地的变化。在陈胜领导的农民起义军的影响下，全国都燃起了反抗暴秦的怒火，残暴的秦王朝很快就像纸房子一样坍塌了。

接着，就出现了"楚汉相争"的局面，无赖出身的"小混混"刘邦重用萧何、张良、韩信、陈平几位文臣武将，打败了楚霸王项羽，夺取了全国政权，建立了西汉王朝。

秦始皇吞并六国以后，国土变得非常辽阔。刘邦接管了这么大一个国家，用什么方法治理呢？是实行西周的分封制呢？还是实行秦朝的郡县制呢？还真让刘邦陷入了两难之中。

中华文明故事

两害相权难取舍

早在西周建国的时候，为了巩固政权，就分封了70多个诸侯国，让这些诸侯国拱卫着中央政权，这就是历史上周武王"封藩建簋"的典故之源，西周的领主制封建社会也就是这么来的。

周王朝是公元前1046年建国的，直到公元前256年才灭亡，前后共存在了近800年。这就是人们经常说的："周武王，始诛纣；八百载，最长久。"

刘邦为了刘家的天下长治久安，也想学周武王。在西汉初年，刘邦对功臣良将进行了分封。因此，西汉初年虽然"汉承秦制"，但却是郡县制和分封诸侯并存的。

按照《史记》的记载，刘邦当了皇帝以后，封韩信为楚王，彭越为梁王，英布为淮南王等等。也就是说，西汉刚刚建立的时候，虽然实行的是郡县制，但也分封了不少诸侯王。

刘邦——这位出身于泗水亭的"小混混"实在是太精明了，很快就认识到封异姓诸侯王有点儿危险，所以，他就找各种借口把封了王的异姓功臣都杀掉了。

《 白马盟誓 》

这样，功盖寰宇的楚王韩信、声名显赫的梁王彭越和英勇威武的淮南王英布，都先后被刘邦杀害了。对刘邦忠心耿耿的韩信直到临死时才明白"飞鸟尽，良弓藏；狡兔死，走狗烹；敌国破，谋臣亡"的道理，但是已经为时已晚。

刘邦除掉了异姓王，又分封了九位刘家的皇室子弟为王。为了防止自家的江山被外姓篡夺，刘邦还特地杀了一匹白马，让诸侯王和朝中的大臣共同盟誓：如果刘姓皇室以外的人称王，就天下共击之。这就是历史上著名的"白马盟誓"。

狡猾的刘邦不知道，封同姓诸侯王其实也同样是有危险的。

《 七国之乱 》

刘邦满以为封自家的亲族为诸侯王，就可以像西周王朝那样保证大汉朝江山永固了。可是，他忘记了一点，忘记了他自己是什么出身。

所以，刘邦死后不久，那些不肖子孙——野心勃勃的刘姓诸侯王就开始招兵买马，准备图谋不轨了。

当时，全国共有54个郡。刘邦分封了9位刘姓诸侯王，这9个诸侯国占了39个郡。全国人口共277万户，9个诸侯国占了180万户。中央政府控制的地盘和人口仅占全国的三分之一。

所以，就在汉景帝三年（公元前154年）初冬，一心想篡夺皇位的吴王刘濞（刘邦的侄儿）认为时机已到，就串通了楚国、赵国、胶西、胶东、淄川和济南六国诸侯公开发动了叛乱。

九个诸侯国只有齐、梁两国没有加入，所以历史上称为"吴楚七国之乱"。

大将周亚夫

《 景帝平叛 》

由于吴王刘濞早有预谋，所以战争开始的时候，叛军的进攻很顺利。刘濞先攻下了梁国，然后又包围了齐国，很快就打到了河南。他狂妄地认为，只要攻下河南，就可以进军长安，夺取皇位了。

西汉景帝刘启为人平和，把国家治理得

十分富庶。面对吴楚七国叛乱，汉景帝最初采取退让的姿态，想感化对方。叛军攻到河南，景帝才醒悟过来，刘濞的目标就是取代自己当皇帝，再退让脑袋就得搬家了，这才下决心出兵平叛。

汉景帝任命大将周亚夫为统帅，率领36员战将、几十万大军直逼洛阳。

周亚夫是西汉著名的军事家，吴王刘濞哪里是他的对手。周亚夫出奇兵断绝了叛军的粮道，几十万叛军很快就崩溃了。

周亚夫率领大军乘胜追击，吴王刘濞仓皇逃到东越，想站稳脚跟卷土重来。东越贵族见刘濞大败而来，立即见风使舵，杀死了他，拿着他的人头向朝廷表功去了。接着，参与叛乱的各国诸侯纷纷投降，叛乱只持续了3个月就被平息了。

《 削弱诸侯 》

经过"吴楚七国之乱"，西汉王朝总算认识到了诸侯国强大的危险。既然分封诸侯容易发生内乱，那就得削弱诸侯王的势力。

公元前140年，汉武帝刘彻即位。这位皇帝上台后，用尽各种方法削弱各诸侯国的实力。到汉武帝寿终正寝的时候，几乎所有的诸侯国都不存在了。

《 重用外戚 》

两千年来，专制制度下的皇帝几乎都是处在两难之间。

实行郡县制吧，皇帝就要同大臣共同分

汉武帝刘彻

享最高权力，这样容易大权旁落，奸臣篡位，最终可能连脑袋都保不住；实行分封制吧，就要把大片国土分封给皇室亲王，如果诸侯王想过当皇帝的瘾，也会发生动乱，脑袋也成问题。

究竟怎么才能既不会大权旁落，又不会骨肉相残呢？西汉末年的皇帝做出了一个更危险的选择，重用外戚——皇后的亲戚。

《 王莽篡汉 》

西汉末年，汉元帝的皇后王政君有个侄子叫王莽，这个人在朝堂上伪装得很到位，处处都像个谦谦君子。

汉元帝、汉哀帝去世后，王政君以"太皇太后"的身份辅佐自己的小孙子汉平帝，王莽也利用姑姑的关系进入了"领导核心"，当上了西汉王朝的"安汉公"，全面掌管了西汉的朝政。

王莽掌权以后，就撕下了"伪君子"的假面具。这个心狠手辣的家伙下毒手弄死了亲外甥——汉平帝，自己当了皇帝，建立了臭名昭著的"新莽王朝"。姑姑王政君这才认清了侄子的狰狞面目，但是后悔已经来不及了。

因为王莽非常不得人心，所以很快就爆发了大规模的农民起义。起义军攻入长安，杀了王莽，短命的"新莽王朝"也就随之灭亡了。

"新莽王朝"的寿命虽然非常短，却为钱币收藏家们做了一件大好事。

因为"新莽王朝"的寿命短，钱币的发行量也很少，再加上它发行的钱币质量最上乘，样式也最古朴，

王莽毒死汉平帝

所以"新莽王朝"的货币从明清时期就成了收藏家们追捧的珍宝。目前著名的"新莽布币"已经成了中国古钱币之最，想收集全套真品已经很困难了。

清流党人永流芳

西汉的皇族刘秀参加了反对"新莽王朝"的义军，王莽死后，刘秀重新恢复了汉朝，把国都选在了洛阳，因为洛阳的地理位置偏东，历史上称为东汉。

分封诸侯会引起内乱，任用大臣会大权旁落，外戚也靠不住，当皇帝的怎么办呢？新上台的汉光武帝刘秀做出了一个更危险的选择——重用宦官。

刘秀天真地认为，宦官——阉人连后代都没有，不会抢夺皇位。他做梦也

汉光武帝刘秀

没想到，正是阴毒的阉宦毁了汉朝的锦绣江山。

东汉末年，宦官专权，卑鄙无耻的小人得到朝廷的重用，忠正刚直的大臣遭到残酷的迫害，上演了一幕幕血腥的惨剧。

在这场实力悬殊的争斗中，涌现出了许多可歌可泣的英雄人物，他们在中华古文明史上留下了永不磨灭的英雄形象，铸就了中华民族钢铁般的脊梁！

《 实力悬殊的争斗 》

东汉的许多读书人非常有骨气。河南尹李膺、尚书令陈蕃、东海相

黄浮、太丘长陈寔和汝南太守范滂等人，都是东汉末年在与宦官和阉党的斗争中涌现出来的读书人的楷模，就是他们铸成了中华民族优秀知识分子钢铁般的脊梁！

《 第一次交锋 》

在与阉宦的斗争中，站在最前列的是声名卓著的河南尹李膺。

李膺（110年—169年），字元礼，是个文武双全、正直刚烈、疾恶如仇的读书人。南朝刘义庆在《世说新语·德行》中称颂他品德高尚，是天下读书人的表率。

当时北海郡有一个叫羊元群的官员贪赃枉法，李膺发现后，立即给汉桓帝上书，要求对羊元群进行严惩。不料，羊元群买通了朝中的宦官，在汉桓帝面前给李膺扣上了一个"挟私陷害"的罪名，反而让李膺下了大狱。

太尉陈蕃

与李膺同时被捕入狱的还有廷尉冯绲和大司农刘祐。冯绲也是个正直的读书人。阉党头目单超的弟弟单迁犯下重罪，被冯绲抓了个正着，单迁气焰十分嚣张，根本没把冯绲放在眼里。没想到，冯绲早就对祸国殃民的阉宦们恨之入骨了，抓住单迁后立即在大堂上用乱棍将他活活打死了。阉宦们为了给单迁报仇，上奏汉桓帝，结果冯绲也被投入了大狱。

大司农刘祐更是疾恶如仇。阉宦苏康和管霸侵占老百姓的田产，州郡官员都不敢为老百姓做主，刘祐知道后，立即下令没收了他们的产业。这两个坏蛋在桓帝面前痛哭流涕，让桓

中华文明故事

帝给他们做主。于是，昏庸的汉桓帝下令逮捕了刘祐。

就这样，李膺、冯绲和刘祐成了同监的狱友。三位朝中贤臣先后被阉宦陷害，引起了朝中官员们极大的愤慨，纷纷上书桓帝，要求释放这三位贤臣。

当时正赶上桓帝刚刚下诏封陈蕃为太尉，陈蕃上任后多次为李膺、冯绲、刘祐鸣冤叫屈。他甚至明确地对桓帝说，论才学和品德，自己比不上刑徒李膺。

司隶校尉应奉也给桓帝上书，李膺、冯绲、刘祐三位大臣执法公正，他们处死邪臣，深受百姓爱戴，是国家栋梁。汉桓帝心里也明白三位大臣是为国为民，于是就释放了他们。

《 第二次交锋 》

李膺获释后被委任为司隶校尉，这是一个专门负责刑狱的官员。经过挫折之后，这位正直刚烈、文武双全的读书人不仅没有被阉宦吓倒，反而更加勇往直前了。

李膺刚当上司隶校尉不久，正赶上宦官小黄门张让的弟弟张朔肆意残害百姓，犯下了重罪。张朔听说李膺当了司隶校尉，非常害怕，吓得逃到他哥哥张让家里藏了起来。李膺派人四处搜捕张朔，都没抓到，就知道他躲到了张让家中。于是，李膺亲自出马，率领部下闯入张让的家，拆毁了张家的夹壁墙，硬把张朔抓了出来。

李膺抓到张朔，讯问明白之后，就立

李膺

即下令处死了这个不法之徒。等张让前来说情的时候，他弟弟早已经被处死了，张让只好请汉桓帝为他出气。

汉桓帝责问李膺，为什么不先上奏，就急着处死张朔。李膺大义凛然地回答说："孔子当鲁国的司寇，上任七天就杀了少正卯。我到任都已经十天了，只害怕迟杀重犯自己获罪，没想到陛下却嫌臣杀得太快了。陛下如果再给我五天时间，让我杀尽了这些坏蛋，就是让我下油锅，我也心甘情愿！"

桓帝没办法，只得对张让说，这是你弟弟犯了重罪，怎么能怪司隶校尉呢？张让也只好自认倒霉，回家哭弟弟去了。

这件事过去了好久，阉宦们仍然吓得不敢随便出宫门，桓帝感到很奇怪，就问他们是什么原因，这些阉人叩头大哭，说他们害怕李校尉。

从那以后，李膺名声大振，在读书人中获得了极高的威信，读书士子们都把他看作朝廷的中流砥柱。据说，当时年轻的读书人都把能被李膺接见一次视为极大的荣誉，称之为"登龙门"。

孔融见李膺

由于李膺名气非常大，许多人都愿意和他交往，"建安七子"之一的孔融和李膺之间，还发生过一个有趣的小故事。

据《世说新语·言语》记载，孔融当时还很小，慕名去见李膺，让门人通报说他和李家是世交。李膺很奇怪，相见后就认真地问孔融，咱们两家祖上有什么交往呢？孔融回答说，我的祖先孔子和您的祖先老子很早就有了交往，难道咱们两家还不算世交吗？

这段时间，陈蕃当太尉，王畅当尚书，李膺当司隶校尉。朝中的官员和读书人对他们都非常敬仰，认为陈蕃是不畏强权的硬汉，王畅是真正的俊杰，李膺是天下读书人的楷模。

东海相黄浮也不畏强暴。大阉宦徐璜的侄子徐宣当下邳令时，看上了已故汝南太守李嵩的女儿。遭到拒绝后，徐宣竟派人把姑娘抢回家，绑在树上作箭靶。他一面饮酒，一面射箭，一个无辜的女孩就这样被徐宣活活射死了，真是惨无人道。

黄浮知道了这件事，十分愤怒，立即下令捉拿徐宣。黄浮属下的官吏惧怕徐璜的势力，极力劝阻。黄浮大义凛然地说，徐宣国贼，今天杀了他，明天让我死也足以瞑目了。黄浮在大怒之下不仅杀了徐宣，而且把徐家全家老幼全都处死了。

可惜，好景不长。不久，宦官们就蛊惑汉桓帝，以"结党营私"的罪名把李膺、黄浮、冯绲、刘祐和太丘长陈寔等200多位"党人"，都陆续逮捕起来，关入了监狱。这就是著名的"党锢之祸"。

由于"党人"威信太高，朝中重臣纷纷为他们鸣冤。太尉陈蕃、城门校尉窦武等人多次上书汉桓帝，谴责阉宦，为被冤屈的"党人"伸张正义。

汉桓帝没有办法，只好释放了被捕的官员和读书人。但是却对他们下了不许入朝当官的禁令。

《 第三次交锋 》

就在宦官专权擅政、朝野暗无天日的关键时刻，汉桓帝寿终正寝——死了。解渎亭侯刘宏入宫即位，他就是历史上最昏庸的汉灵帝。

汉桓帝虽然昏庸，但是心里还知道文武百官反对宦官专权是为了刘

汉太丘长陈寔

家的天下。因此，对阉宦是存有戒心的，对陈蕃、李膺、黄浮、陈寔、范滂等正直的官员还是信任的，宦官们也就很难对正直刚烈之臣大开杀戒。

汉灵帝即位后，桓帝的皇后、大将军窦武的女儿当上了皇太后。陈蕃和窦武想说服窦太后除掉阉宦，好彻底为"党人"平反。

但是，窦太后也和汉桓帝一样，早已经被宦官们的花言巧语迷昏了头，不仅不支持陈蕃和窦武，反而千方百计地庇护这些阉宦。

168年，陈蕃、窦武密谋诛杀阉宦的事情被泄漏。阉宦头目曹节、王甫挟持汉灵帝发动了政变，他们杀死了陈蕃和窦武，囚禁了窦太后。接着，又对所有的"党人"举起了屠刀。

陈蕃和窦武的门生、下属、亲朋好友都遭到了血腥屠杀，李膺、杜密和范滂等人也全都被杀害了。

据《后汉书·范滂传》记载，汝南太守范滂被捕入狱后，范滂的母亲到监狱来探望儿子。范滂安慰母亲说："我死了以后，还有弟弟抚养您，您不要过分伤心。"

范母大义凛然地说："你能留下和李、杜两位君子一样的好名声，死还有什么遗憾？"

（《后汉书·范滂传》记载了范母的原话：

汉汝南太守范滂

"儿今日能与李膺、杜密齐名，死亦何恨？"）慷慨激昂，催人泪下。有如此深明大义的母亲，才有如此优秀的儿子啊！

据说，北宋名臣苏轼少年时，母亲程氏教他读《后汉书·范滂传》。苏轼问母亲，如果我成了范滂，那母亲怎么办呢？程氏慷慨激昂地回答说："你如果能像范滂一样，我难道就不能像范滂的母亲一样吗？"可见，范氏母子的言行对后世正直的读书人影响非常深远。

清流党人中的精英人物虽然大部分被阉宦们杀害了，但是，他们的一身正气和铮铮铁骨却给中华民族的优秀知识分子树立了光辉的榜样。

阉宦们掌握了朝中大权，对老百姓的剥削、压迫更加沉重了。摆在普通老百姓面前的只剩下了两条路：一条是继续忍受下去，冻饿而死。另一条就是奋起反抗，求得一线生机。在死亡的威胁之下，人们铤而走险了。

《 汉末黄巾大起义 》

184年，巨鹿人张角、张宝、张梁兄弟三人，借助道教的秘密组织，打着"苍天已死，黄天当立，岁在甲子，天下大吉"的旗号，发动了著名的黄巾大起义。

张角自称"大贤良师"，和两个弟弟率领起义军攻城略地，对本来已经陷入困境的东汉王朝进行了沉重打击。

面对黄巾起义军的威胁，皇室、外戚、官员和阉宦们暂时停止了争斗，地方官员和士族大户也纷纷招募人马，共同扑向了起义的农民军。

黄巾起义

农民起义的烈火虽然被扑灭了，但是东汉王朝也走到了穷途末路。

《 讨董卓汉末割据 》

汉灵帝死后，何皇后生的皇子刘辩当了皇帝，何皇后的哥哥大将军何进掌握了朝政。何进想干的第一件事就是诛杀阉宦，没想到鹬蚌相争，渔翁得利，何进与阉宦两败俱伤。大军阀董卓杀了小皇帝刘辩和何皇后，立另一位皇子刘协当了皇帝——汉献帝，他自己掌握了东汉王朝的大权。

董卓比阉宦们还坏得多，竟大白天在京城烧杀抢掠。不仅京城富户们的财产和美妾都成了董卓的"战利品"，就连皇帝宫中的漂亮嫔妃都逃不过董卓的魔爪。

于是，各地的郡守和封疆大吏们纷纷起兵征讨董卓这个恶贼。

最先起兵的是官宦子弟袁绍、袁术兄弟二人，他们纠集了典军校尉曹操、东郡太守桥瑁、长沙太守孙坚等十几路兵马，发兵征讨董卓。《三国演义》中著名的"三英战吕布"，就是联军讨伐恶贼董卓的一场激战。

经过几次交战，董卓的军队一败再败，这个大坏蛋只好放弃洛阳，挟持汉献帝退到了西京长安。然而，在一派大好形势下，讨董联军却发生了内乱。各路诸侯为了扩大自己的势力范围，相互攻杀，抢夺地盘，在全国范围内形成了军阀混战的局面。

繁华的都市变成了瓦砾堆积的坟场，肥沃的田园变成了没人耕种的荒野，许多贫苦百姓冻饿而死。经过多年混战，最后出身于官宦之家的曹操、地方实力派孙权和皇族刘备的势力逐渐强大起来。不久，东汉王朝就灭亡了，华夏大地进入了魏、蜀、吴三国鼎立的全新政治格局。

今 传说奇事

古文

在漫漫的历史长河中，中华古文明曾经遭受过两次严重的摧残。第一次是秦始皇"焚书坑儒"的暴行，第二次就是西汉时期施行的"罢黜百家，独尊儒术"的思想禁锢。

西汉初年，朝廷施行的是予民生息的"黄老之学"——就是无为而治，不给老百姓增加负担，不限制人们的思想自由。于是，出现了中国历史上老百姓最富庶、思想最宽松的"文景之治"。

可惜好景不长，汉武帝上台之后很快就摒弃了"黄老之学"，开始施行"罢黜百家，独尊儒术"的思想禁锢，先秦时期的"诸子百家之学"再一次受到了严重的摧残。

汉武帝独尊儒术

孔孟原始儒学的核心思想是"民为贵、君为轻"。董仲舒"谶（chèn）纬神学"的核心是"天人合一、君权神授"。因此，董仲舒的"谶纬神学"是对原始孔孟之道的歪曲和背叛。

汉武帝并没有明确下达"罢黜百家，独尊儒术"的诏令。但是，自汉武帝开始，西汉王朝却施行了董仲舒"诸不在六艺之科，孔子之术者，皆绝其道，勿使并进"的建议。也就是说，凡不是儒学人士，一律不许入朝当官。

这一招可比"焚书坑儒"厉害多了，因为这样一来，除了董仲舒提倡的"今文经学"之外，诸子百家之学都陷入了困境，再也没人学了。

《 谶纬神学 》

孔孟的原始儒学是有利于国计民生的，但是，董仲舒的"儒学"与孔孟之道却有着根本区别。

董仲舒是第一个对孔孟原始儒学进行大肆歪曲的西汉经学家。他所做的第一件事就是把"谶纬神学"的迷信思想引入了汉代的"今文经学"之中。

董仲舒在《春秋繁露》中第一个提出了"天人合一、君权神授"的天命观。他认为皇权是上天赋予的，历代帝王的兴衰、朝代的更替都是上天主宰的。

董仲舒

《 背叛孔孟 》

孔子和孟子都没有"谶纬神学"的迷信思想。董仲舒的"谶纬神学"其实是打着孔子的旗号胡说八道，所以，董仲舒的许多观点都是与"孔孟之道"背道而驰的。

孔孟之道的核心是"仁"，孔子主张仁者爱人，以民为本。孟子更加明确地提出了"民为贵、君为轻、社稷次之"的民本思想。他甚至认为臣民杀死桀、纣那样的暴君，是正义的行为，只是杀死了一个坏蛋，根本不能说成"弑君"。所以，董仲舒提出"天人合一、君权神授"的天命观，只不过是对孔孟之道的歪曲和背叛。

因为董仲舒使用的儒家经典是用西汉才开始流行的隶书写成的，所以也被人们称为"今文经学"。因为董仲舒对皇权进行了神化，所以"今文经学"很快就成了西汉王朝的官学，朝廷还设立了专门的学官。

与"今文经学"相对立的是"古文经学"。

《 古文经学 》

据《汉书》记载，西汉初年，在孔子故居的夹壁墙中发现了用篆书——先秦时期的文字写成的儒家经典。

据说，这些书都是秦始皇"焚书坑儒"时，孔子的后人偷偷地藏在夹壁墙中保存下来的。因为这些儒家经典是用战国流行的篆字体写成的，所以也被称为"孔壁古文"。

尽管清代有学者认为两晋时期流行的"孔壁古文"有问题，但是《汉书》的记载却是真实的，西汉时期在孔子故宅中发现古代典籍是完全可能的。

以"孔壁古文"为研究对象的学者们提出了与董仲舒完全不同的学术观点。

他们维护孔子和孟子朴素的民本思想，剔除了混杂在今文经学中的"谶纬迷信"，重新恢复了原始儒家的本来面目。这个新的学术流派，就是不被官方重视的学术流派——古文经学。

《 今古文之争 》

汉朝流行三部注释《春秋》的书：《穀梁春秋》《公羊春秋》和《左氏春秋》。其中，《穀梁春秋》《公羊春秋》是用隶书写成的，是今文经学的核心；只有《左氏春秋》是用篆书写成的，是古文经学的精华。

由于古文经学中的《左氏春秋》具有强烈的民本思想，而今文经学中的"天人合一、君权神授"才是西汉专制皇权所需要的。所以，西汉王朝专门为今文经学设置了学官，把今文经学变成了官学。

东汉建立初期，古文经学开始崛起，《左氏春秋》和《公羊春秋》谁优谁劣的争论，甚至闹到了朝堂上。尽管著名学者贾逵为古文经学大声疾呼，但仍然没有结果。直到东汉末年，由于大学者马融和郑玄的影响，古文经学才成为儒学的主流。

潇洒博学的马融

《 马融求学的故事 》

马融（79年—166年），字季长，陕西扶风人，是西汉伏波将军马援的侄孙。据说，马融从小喜欢学习儒家经典，曾拜当时著名学者挚恂为师。因为他聪明好学，挚恂还把女儿嫁给了他。

关于马融娶妻，还有一个有趣的小故事呢。

挚恂博览群书，却不愿涉足官场，一直在山中隐居，并教授几个小孩子读书，马融也是其中的一个。挚恂很喜欢马融，但发现他学习还不够踏实，就想激发他一下。

有一天，马融向挚恂请教学问，正巧挚恂的小女儿碧玉在场。挚恂笑着问马融："今天我高兴，给你们出个字谜猜一猜，看你们俩谁能猜出来。"马融自恃有点儿小聪明，根本没把老师的小女儿放在眼里。

挚恂先在地上写了五个字：一牛生两尾。叫马融和碧玉猜。

马融不仅对《春秋三传》《论语》《尚书》等儒家经典进行了注释，而且对《老子》《离骚》和《淮南子》等古代典籍也进行了精心的研究，因此被人们誉为"通儒"。

马融

马融还没反应过来，碧玉就在地上写出了个"失"字。

马融一看，果然自己输了，但是心里还不大服气，想再比一比。

挚恂又在地上写了七个字：牛嫌天热不出头。

马融想了想，抢先在地上写了个"伏"字，挚恂摇了摇头。碧玉不慌不忙在地上写了个"午"字。马融一看，自己又输了，脸都急红了。

挚恂知道马融心里不服，就笑着对他俩说："别猜字谜了，我给你们讲个小故事吧。"

挚恂说："有一个妇人，在兵荒马乱中与丈夫和孩子失散了，独自寄宿在尼庵中。一天晚上，这位妇人做了个梦，梦见庵里的尼姑让她推磨磨麦子。这个妇人累得浑身无力，越想越伤心，就投水自尽了。她跳入荷塘之中，满塘荷花也觉着伤心，结果花瓣全都落了。这个梦该怎么解释呢？"

马融听了，才知道老师是让自己解梦。想了半天，仍然如坠在云里雾中，只好硬着头皮说："恐怕是这妇人思念丈夫、孩子心切，精神出毛病了吧。"

挚恂有点儿不满意，转过身叫女儿回答。碧玉想了想，说道："磨麦子，可见夫面（含有麸子的面叫麸面）；莲花落瓣，可见子（见莲子）。妇人这个梦预示着她将和丈夫、孩子团聚呀！"

三个题目，马融全都没回答上来，一气之下，就独自一人来到仙游寺旁，劈石筑室，发愤读书。

据说，马融仔细研读先秦诸子百家的经典，对许多古籍都有了自己独到的见解，有些名篇甚至能倒背如流。从那以后，马融才思敏捷，妙笔生花，成了汉末著名的"通儒"。

马融的老师挚恂看到马融已经成才了，非常高兴，就把小女儿碧玉嫁给他做了妻子。

《 博学多才成通儒 》

《汉书》中说马融是一位博学多才的"通儒"，什么叫"通儒"呢？就是不像董仲舒那样只抱着一本《公羊春秋》死啃，而是博览群书。

马融注释了许多古代典籍，他是第一个把《公羊春秋》《左氏春秋》和《榖梁春秋》三传放在一起进行综合研究的学者。

据说，马融对比了"三传"的优劣，撰写了一本《三传异同说》。遗憾的是，由于年代久远，《三传异同说》已经失传了。

马融博采众长，不仅对《春秋三传》《论语》《诗经》《周易》

《尚书》等儒家的经典进行了精心研读和注释，而且对《老子》《离骚》《淮南子》等儒学以外的古代书籍也有着非常浓厚的兴趣和独到的见解。所以，他被人们誉为"通儒"。

《 任性潇洒显旷达 》

马融为人非常旷达，用现在的话说就是不拘小节。他爱好音乐，尤其喜欢吹笛子，琴也弹得相当好。

马融的弟子入门后都是由先来的师兄传授学问，只有少数高足弟子——高材生才能亲耳聆听他的教诲。据说，马融平时居住、穿戴都十分奢华。他在给学生讲课的时候，自己端坐在挂着纱帐的高堂之上，前面坐着门人弟子，后面站着手持乐器的美女们。

从马融这种潇洒飘逸、任性旷达的性情中，似乎已经可以看到魏晋时期"竹林七贤"的影子了。

马融的学生很多，东汉末年的重臣卢植、著名的学者郑玄都是他的弟子。

陕西扶风县绛帐镇就是因为马融在那里"绛帐授徒"得名的，当地至今仍然保留着他当年讲学的遗址。

学识渊博的郑玄

对后世儒学贡献最大的人是马融的学生郑玄。

郑玄（127年—200年），字康成。郑家是山东高密大族，家世显赫。郑玄的远祖名叫郑国，是孔子的弟子，郑玄的八世祖郑崇在西汉时期当过尚书仆射。

郑玄出生时，郑家已经败落，生活相当贫寒。但是郑玄勤奋好学，郑玄以古文经学的观点遍注群经，尤其对四书五经都进行了精心注释。《论语》《孟子》《大学》《中庸》《诗经》《尚书》《周易》《礼记》《春秋》，这些经典，后来都以"郑注"最受推崇。

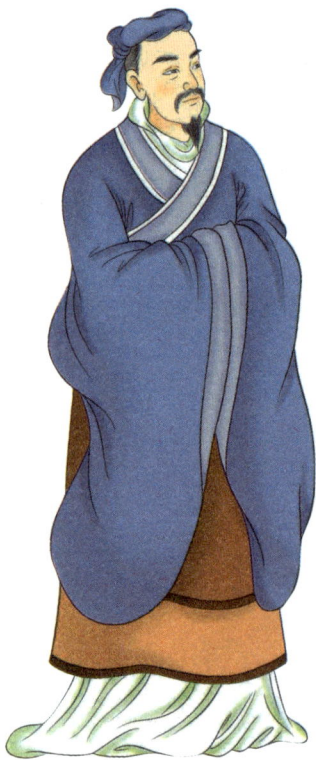
郑玄

十二岁就能诵读和讲述儒家的五经了，他还喜欢钻研数学和天文学，是一个博学多才的少年学者。

《 不图虚名 立志求学 》

郑玄从小立志求学，不喜欢虚荣。有一次，郑玄随母亲到外祖父家做客，在座的十多位客人都衣着华美，夸夸其谈，显得很有派头，只有郑玄默默地坐着，似乎身份和才学都不如人家。

郑家是大族，这让他母亲感到很没有面子，就对他说："你也应该显露一下自己的才华啊！"郑玄对母亲说："这类庸俗的东西不是我所追求的。"

《 得遇名家 荐入太学 》

郑玄精通天文、算学，很早就小有名气了。传说，他17岁那年，有一天正在家里读书，忽然刮起了大风，他经过推算，预测到某天可能会发生火灾，于是就到县里，让县官早做准备。

到了那一天，果然发生了火灾，由于事先早有准备，就没有酿成大祸。这件事传得很神，当地人都把郑玄视为"异人"。

郑玄虽然立志钻研学问，但是由于家境贫寒，在他18岁那年，父母迫于生计逼着他当了个小官。

郑玄虽然深受上司的器重和乡亲们的拥护，但却不愿当官谋生，一心只想研究学术。因此，他在做乡官的同时，仍然刻苦学习。到20岁时，他已经博览群书，精通天文、算学，成为满腹才学的青年学者了。

汉末，与李膺齐名的大忠臣杜密担任北海相，高密刚好属北海管辖。杜密到高密巡视的时候见到了郑玄，认为他是个不可多得的人才。于是，杜密把他调到了北海郡，不久，又推荐郑玄进入了京师的太学。

《 万里游学 遍访名师 》

在太学，郑玄拜第五元先为师（注：这个人复姓第五，名元先，是东汉学者），学习了《易经》《公羊春秋》《三统历》和《九章算术》等重要典籍，为日后的学术研究打下了重要基础。

离开太学后，郑玄在河北、河南、山东和山西等地遍访名师，四处游学。到而立之年，郑玄已经成为颇有名气、造诣精深的学者了。

郑玄深刻认识到学无止境，为了进一步深造，他千里迢迢西入关中，通过好朋友卢植的关系拜在了扶风马融的门下。这一年，郑玄已经33岁了。

《 名师门下 虚心求教 》

马融弟子众多，郑玄来到马融门下，三年都没有见到马融的面，只能听师兄们讲授学问。好学的郑玄并没有放松自己，仍然日夜苦读。

有一天，马融和他的高足弟子们在一起演算浑天说中的一个天文学难题，算了好久，都得不到正确结果。有一位弟子向马融推荐道："郑玄精于算学，干脆召他来试试。"

于是，马融就把郑玄召来相见。郑玄一来，很快就算出了正确结果，马融和在场的众弟子们都惊叹不已。马融感慨地对大弟子卢植说："我和你其实都不如他呀！"

从那以后，马融对郑玄十分看重。郑玄也把平时学习中发现的疑难问题一一讲了出来，虚心向马融求教，马融自然悉心指点。郑玄得到良师的指点，探幽入微，精研苦学，最终为光大儒学做出了重大贡献。

《 辞师东归 隐居故里 》

郑玄在马融门下学习了7年，因为父母年迈，才向马融告辞，回到了山东故里。

这时的马融已经感到郑玄是个了不起的人才了。据说，郑玄临行时，马融深有感慨地对弟子们说："随着郑玄东归，他的学术思想已经被带到太行山以东了！"

东归的郑玄已经是全国著名的学者，有数百人投到他的门下，拜他为师，听他讲学。三国时期的蜀主刘备就是郑玄的学生。

郑玄"客耕东莱"——就是现在的青岛崂山，他一面种田维持生计，一面教授门徒。东莱环境优美，郑玄隐居在这里，过着清贫、安逸的生活。他的故居崂山的康成书院，今天已经成了当地著名的旅游景点。

《 党锢之祸 仕途绝断 》

本来，像郑玄这样学问好、名声大的学者，早就应当入朝为官。但是，东汉末年的"党锢之祸"影响了郑玄的仕途。

168年，陈蕃、窦武惨遭杀害，李膺和杜密等200多名"党人"也大都下狱处死。此后，阉宦们又在全国各地陆续逮捕"党人"。郑玄曾是杜密手下的官员，又深受杜密的赏识，也是杜密亲自送入太学的，所以自然被列入"党人"的名单，遭到了朝廷的禁锢。这一年，郑玄45岁。

郑玄被禁锢后，绝了入仕当官之路，但他并不十分在意，正好闭门不出，集中精力进行学术研究。

《 精研古籍 遍注群经 》

郑玄治学的最大特点是博采众长。尽管他的老师马融是著名的古文经学大师，郑玄自己也对古文经学情有独钟，但是在注释古代典籍的时候，他却以古文经学为主，同时兼采今文，撷取其中的精华。

在被禁锢的14年中，郑玄遍注群经。郑注出现以后，狭隘的今文经学便开始衰落了。郑玄把古文经学与今文经学融为一炉，创立了全新的儒学流派——郑学。

东汉以后，读书士子们都崇尚郑学。郑玄注的《古文尚书》问世后，今文经学注的《尚书》就很少有人读了。郑玄注的《毛诗》流行后，今文经学注的《诗》也很少有人读了。

《 名士风流 儒者本色 》

由于郑玄的名声越来越大，解除了"党禁"以后，朝廷曾经多次聘请他入朝做官。但是郑玄不愿涉足官场，只想专心从事学术研究。

185年，大将军何进为了笼络人心，征召郑玄入朝为官。在州郡官吏的胁迫下，郑玄身不由己，只好来到长安。

尽管何进对郑玄十分敬重，但是郑玄仍然只穿着儒者的便服与何进见了一面，还没等朝廷授予官职就回到了家乡。

187年，朝廷又先后两次征聘郑玄入朝当官，都被他婉言谢绝了。198年，朝廷任命郑玄为大司农，这是朝中位列九卿的高官。郑玄拜受后，被迫前往许昌，但是走到半路，他就上书告老还乡了。

200年，这位博学多才、品格高尚的老人在为我们留下丰厚的儒学论著和深沉的学术思想后，驾鹤西归了。虽然后人称他为"郑司农"，但是，他始终没有入朝为官，确实称得上是真名士自风流啊！

《 青出于蓝 而胜于蓝 》

由于郑玄和马融的师生关系很不一般，在《世说新语·文学》中还记载了这样一个有神话色彩的小故事：

书中说，郑玄学业完成，辞师东归时，马融对弟子们说："郑生这一去，礼和乐的中心都要移到东方去了。"

由于马融担心郑玄会独享盛名，超过自己，就想派门人追上去杀死郑玄。

在门人出发前，马融算了一卦，想看看郑玄在什么地方。郑玄也猜测马融可能会追杀自己，来到一条河边，走到桥底下，在水里垫着木鞋坐了下来。

结果，马融用星盘占卜后，告诉身边的弟子们说："郑玄在土下、水上，靠近木头，这表明他已经死了。"

于是，马融就没有派弟子前去追杀，郑玄才免得一死。

其实，《世说新语》中的这个小故事肯定是杜撰的。马融身为一代名儒，怎么可能做如此可笑之事呢？

故事虽然是假的，但却从侧面说明了郑玄与马融在学术上确实称得上"青出于蓝而胜于蓝"了。郑玄不是简单地继承了马融的学术思想，而是在马融的基础之上对古文经学进行了发扬光大。

东汉末年，马融、郑玄以《左氏春秋》取代了《公羊春秋》。在马融、郑玄之后，随着东汉王朝的灭亡和社会的重大变迁，今文经学很快

中华文明故事

就衰落了。

由于人们普遍认为郑玄的学术成就在马融之上，所以，无论郑玄的崇拜者还是反对者，在提到他们师徒的时候总是把郑玄放在前面，把马融放在后面，称他们师徒为"郑马"。

郑玄作为汉代古文经学的代表人物，不仅对正统儒学做出了重要贡献，在天文学和数学方面也都有很高的造诣，后世的儒家似乎再也没有人真正到达过郑玄那么高的学术境界。

世界领先

天文学

　　在古代中国，每个朝代的帝王都自命为"真龙天子"，每个中国人都骄傲地认为自己是"龙的传人"。但是，这条"龙"到底是从哪儿来的呢？

　　原来，象征着中华民族古老图腾的"龙"来自天上，来自中国古代发达的天文学。

中华
文明故事

西汉时期，最先在天文学上做出重大贡献的是司马迁，他在《史记·天官书》中对先秦时期的天文学进行了全面、系统的总结，为两汉时期天文学的进一步发展奠定了重要基础。

在《史记·天官书》中，司马迁对日食、月食、五星相聚、五星逆行、彗星的出现和流星雨都进行了认真、系统的描述和探讨。其中，最重要的贡献就是对先秦天文学"四象"和"二十八宿"的详细记述。

为了观测日、月和五星的运行，必须在天上确定相对静止的背景标志，否则就没法描绘和测量日月五星的运动。

于是，先秦时期的天文学家们就把若干颗恒星组成一个图形，然后取一个名称，这就是"宿"，其实就相当于西方天文学中的"星座"。

按照司马迁《史记·天官书》的记载，先秦时期的天文学家们把沿着赤道和黄道附近的恒星划分成了28个星座，这就是中国古代天文学中的"二十八宿"。"宿"有住宿的意思，因为古代天文学家们把这些星座当作日、月和五星在运行中经过的驿站。

早在春秋时期，天文学家们就提出了"四象"和"二十八宿"的划分。但是，直到西汉年间，司马迁在《史记·天官书》中才对四象和二十八宿做出最完整、最系统的总结。

天文四象之苍龙

天文四象之白虎

天文四象之朱雀

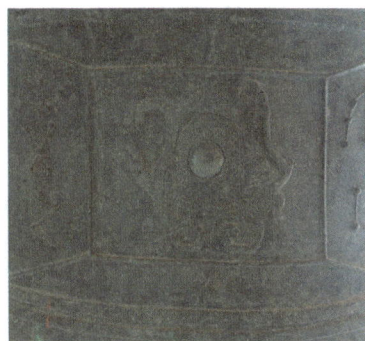
天文四象之玄武

我国古代观测天象和制定历法，都是以四象和二十八宿为依据的。所以，二十八宿在我国古代天文学的发展中占有非常重要的地位。

四象就是把周天"二十八宿"按照东、南、西、北四个方向划分成四个"天区"：东方苍龙、南方朱雀、西方白虎、北方玄武。

古代天文学家是如何划分四象的呢？

东方七宿中有30多颗星，这些星首尾相接，很像一条腾飞的长龙，天文学家们就给它起了个威武的名字——苍龙。帝王们自命为"真龙天子"，国人自称"龙的传人"都是从这儿来的。

南方七宿很像一只展翅欲飞的大鸟，所以取名为"朱雀"。西方七宿很像一只凶猛的老虎，所以取名为"白虎"。北方七宿很像龟蛇相互盘绕的样子，所以取名为"玄武"。

司马迁对周天四象和二十八宿的系统总结，为西汉以后天文学的进一步发展打下了重要基础。司马迁之后，在天文学领域做出重要贡献的是东汉伟大的天文学家张衡。

中华文明故事

伟大的科学发现

张衡（78年—139年），字平子，生于河南南阳郡石桥镇一个官宦张衡在《灵宪》中提出了许多重要的天文学理论，把我国古代的天文学推向了一个新的高峰。其中，最重要的贡献就是建立了一个全新的宇宙体系——浑天说。

家庭，他家是当地的名门望族，其祖父张堪做过汉朝的蜀郡太守和渔阳太守。

张家虽然是望族，但是因为张堪为官清廉，到张衡出生时，张家已经不太富裕了。清贫的生活，从小培养了张衡不畏困难、刻苦学习的顽强精神。

在洛阳，张衡和太学生崔瑗结成了终生挚友。崔瑗是贾逵的得意弟子，贾逵是东汉著名的古文经学大师和天文算学家。张衡因为受崔瑗的影响，对天文、历法、文学、数学都产生了浓厚的兴趣，这为他一生在科学与文学两个方面都能取得突出成就打下了重要的学术基础。

张衡的文学水平很高，他写的《二京赋》曾经名闻天下。但是，他在科学上的贡献更大得多。张衡不仅是一位伟大的科学家和天文学家，还是一位能工巧匠和机械设计大师。张衡在天文学上的贡献和他所发明的科学仪器，在世界科学史上占有非常重要的地位。

仕途通学术

古代许多文人一入仕途便与科学无缘了，张衡却恰恰相反，他的仕途之路的开始，也是他科学研究的开端。

111年，张衡被召到京师，当上了"郎中"。到京师做官，对一般人来说都是投机钻营的好机会，可张衡却利用这段时间努力提高自己的学术水平。

115年，张衡被任命为太史令，太史令就是司马迁曾经担任过的那种职务。

太史令的级别虽然不高，却是朝中的重要官员，负责起草诏书、编写史书并兼管天文历法的制定、国家祭祀典礼等重要工作。张衡两次担任太史令，时间长达14年，他的许多重大科学发现都是在担任太史令的时候完成的。

张衡在天文学上的贡献是划时代的，他撰写的天文学著作《灵宪》，提出了许多重要的天文学理论，把我国古代的天文学推向了一个新的高峰。

古老的盖天说

中国古人很早就提出了各种各样的宇宙模型，从春秋到两汉，最流行的是盖天说。

西汉成书的古老的《周髀算经》，就是论述盖天说的重要著作。

盖天说建立了一个"天圆地方"的宇宙模型：大地是一个方形的平面，天空像一个大碗，反扣在大地上。司马迁在《史记·天官书》中总结的"四象"和"二十八宿"，就是按照"盖天说"划分的。

在《周髀算经》中，古代天文学家们依据"盖天说"不仅系统地说明了日月星辰的日周运动，昼夜的长短变化和二十四节气的循环交替，

中华
文明故事

还天才地提出了著名的"七衡六间图"。

"七衡六间图"与今天在地球上划分的五个气候带非常接近，盖天说中的"中衡"对应的是赤道，"内衡"和"外衡"对应的是北回归线和南回归线，盖天说中的"极下"对应的就是地球的"北极"。

盖天说模型

《周髀算经》的作者认为，北极附近因为离太阳太远，所以是个冰天雪地、万物不生的地方，书中说，"北极左右，夏有不释之冰。"2000多年前就能明确指出北极的夏天也是冰雪的世界，实在是天才的论断。

不仅如此，《周髀算经》的作者还提出，赤道（古人称之为中衡）附近，由于距离太阳非常近，所以那里一年四季都非常温暖，冬天有不死的草，生长在那里的万物都不会凋谢，种植五谷，每年可以成熟好多次。这确实是对赤道附近的气候做出的最早、最科学的描述。

《 张衡的浑天说 》

先秦提出的盖天说虽然能够解释日月星辰的正常运行，但是却很难解释一些特殊的天文现象。所以，张衡在《灵宪》中提出了一个全新的宇宙模型——浑天说。

按照张衡浑天说的宇宙结构，天空就像一个鸡蛋壳，包在大地的外面，大地好像鸡蛋黄，处在天的中间。张衡的浑天说和西方的地心说非常相似，使用浑天说不仅能很好地解释日月星辰的运转，而且对日食、

浑天说模型

月食和月相的变化也能做出形象的说明。

在张衡以前，古人已经能够对日食做出正确的解释。西汉的学者刘向说得非常清晰，"日食者，月往蔽之"。也就是说，日食是因为月亮刚好运行到太阳和大地之间，遮住了太阳光形成的。

但是，因为在盖天说宇宙模型中，月亮和太阳都运行在同一个扣着大地的"大碗"上，所以用它解释不了为什么会发生月食。

尽管中国古人很早就知道月亮不会发光，月光是反射的太阳光。但是在张衡之前，人们对发生月食的原因却始终说不清楚。

张衡的浑天说模型，却可以很容易解释月食的成因。张衡在《灵宪》中说，当月亮能反射日光时，如果不发光，那是因为大地挡住了日光，使日光照不到月亮上的缘故。张衡的解释是中国古代对月食最早、最正确的解释。

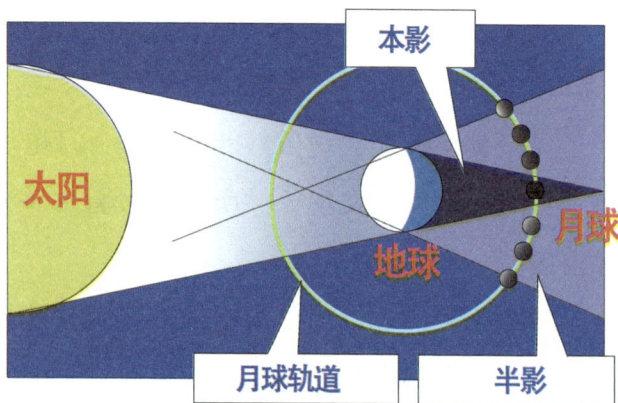
张衡解释月食原理图

太阳　地球　月球　本影　月球轨道　半影

中华文明故事

《 行星的运行 》

张衡在《灵宪》中的第二个重要贡献，就是对行星的运行得出了许多正确的科学结论，其中有三个结论有很重要的科学价值。

第一，太阳、月亮和五大行星并不是固定在天球上的，它们都在天和地之间运行，和大地的距离也远近不同。

第二，太阳、月亮和五大行星的运动速度是不相同的，凡是距离大地近的星体，运行速度就快，距离大地远的星体，运动速度就慢。

第三，五大行星可以分成两类，其中水星和金星附于月亮，属阴；而火星、木星和土星附于太阳，属阳。

张衡的这三个结论都有一定的科学道理，尤其是对五大行星的分类和现代天文学得出的结论几乎完全相同。现代天文学也把行星划分为两类，水星和金星的轨道在地球和太阳之间，属于"内行星"；火星、木星和土星的轨道在地球的轨道之外，属于"外行星"。所以，张衡把水星和金星归属于一类，把火星、木星和土星归属为另一类，是相当科学的。

《 建立恒星图 》

张衡在《灵宪》中的第三个重要贡献就是对整个天空的恒星进行了详细的观测和记录，建立了完整的星官体系。

什么是星官呢？原来，古人为了便于天文观测和天文记录，把天上的恒星组合成了一个个小小的星座——星官。每个星官，少的有几颗星，多的有几十颗星。由于组合的方法不同，就出现了不同的星官体系。

东汉时期，有石氏、巫咸和甘德三个星官体系，这三个星官体系是先秦时期著名天文学家的观测结果，每个星官体系所记载的恒星数量和星官的数量都不相同。

张衡对先秦时期不同的星官体系进行了详细的整理和汇总，按照《灵宪》的记载，张衡整理出来的星官体系共444个星官，2500多颗恒星，是当时世界上数量最多的恒星图表。

可惜的是，张衡整理出来的星官体系已经失传，我们今天只能看到《灵宪》中所记载的恒星数量了。三国时期的著名天文学家陈卓也对先秦时期的星官体系进行过整理，但是陈卓只记载了283个星官，不到1500颗恒星，比张衡的星官体系少了1000多颗恒星，时间上则晚了一个多世纪。

《灵宪》文笔精妙，写得非常美。张衡把美丽的神话故事"嫦娥奔月"都写入了文中，还记述了嫦娥入月后化成蟾蜍的传说。因此，可以说《灵宪》不仅是优秀的天文学著作，还是一部优美的文学作品。因此，梁代学者刘昭称颂张衡的《灵宪》是"天文之妙，冠绝一代"。

神奇的科学仪器

张衡最重要的贡献是研制了世界一流的科学仪器，其中，水运浑天仪、地动仪、候风仪和指南车最为精妙，这在世界古代科学史上是绝无仅有的。

张衡在科学发明和发现中，不光建立了一个全新的宇宙模型，建立了重要的星官体系，解决了天文历法上的许多难题，更重要的是他还发明制作了许多世界一流的科学仪器。其中，最著名的有水运浑天仪、地动仪、候风仪和指南车。

《 浑天仪 》

浑天仪也叫天球仪，是张衡按浑天说宇宙结构制作的一个模仿天体运行的模型。因为这个模型能够在水流的推动下运转起来，所以人们也叫它"水运浑天仪"。

浑天仪是用青铜制作的，主体是一个大铜球，这个大铜球装在一个能够转动的、倾斜的轴上，跟我们今天的地球仪有

浑天仪

点儿相似，不过比地球仪复杂得多，也好玩得多。大铜球上还有好几个铜圈，分别刻着黄道、赤道、南极、北极，还有日、月、星辰和二十八宿，最外面的铜环相当于地平线。

当铜球被流水推动着从东向西旋转的时候，刻在上面的恒星就从东边升到地平线以上，然后又慢慢地向西落到地平线以下，正好跟天空中太阳东升西落的情况完全符合。

在浑天仪运行的时候，不仅天球上的星辰与实际情况完全一样，连一个月之内月相的变化都显示得非常精准。

由于这座浑天仪设计得非常精密，因此，铜球在流水推动下转动一周的时间恰好和地球自转一周的时间完全相符。

据说，张衡把这座精妙的浑天仪放在房间里，然后通过两个漏壶的水推动它转动。人们坐在屋子里看着这个构造奇特的大铜球，就可以准确地知道哪颗星正从东方慢慢升起，哪颗星已经到了中天，哪颗星就要从西方的天边落下。跑出屋子一看，天空中的实际情况与浑天仪表示的天象一模一样，所有看到这座浑天仪的人全都惊叹不已。

尽管南北朝以后，这座精巧的天文仪器遭到了严重毁坏，下落不明了。但是张衡撰写的《浑天仪图注》和《漏水转浑天仪注》这两篇文章却奇迹般地保存了下来，使后人能够按照图注重新制造出来。

《 地动仪 》

太史令的职责除了观测天象、制定历法之外，还负责记录各地发生的自然灾害。为了记录地震，张衡还制造了世界上第一架测定地震发生的仪器——地动仪。

张衡制作的地动仪也是青铜制作的，形状有点儿像一个有盖的大铜酒樽，铜樽的表面装饰着各种精美的图案，樽的四周铸着八条龙。这八条龙的龙头分别对着东、南、西、北、东南、西南、西北、东北八个方向，龙嘴是活动的，每条龙的嘴里都衔着一个小铜球，龙头下面还蹲着一只张着大嘴的铜蛤蟆，要是哪个方向发生了地震，正对着这个方向的龙嘴就会自动张开，龙嘴里的铜球就会落在铜蛤蟆的嘴里。

由于铜球冲击铜蛤蟆的声音很响亮，看守地动仪的人立即就知道在什么方向发生了地震，便可以准确地记录下地震发生的方位和时间了。

地动仪

138年，这个地动仪刚刚造好不久，有一天，正对着西方的龙嘴突然张开了，铜球落到了下面铜蛤蟆的嘴里，这说明洛阳的西面发生了地震，可是由于当地的人都没有感觉到地震，人们议论纷纷，讥笑张衡的地动仪根本就不灵。

可是过了没几天，朝廷就收到了陇西郡官员派人送来的地震报告。人们拿这份报告和张衡地动仪的记录一对照，才认识到这台地动仪测定的地震时间、方位都非常准确。

在距今1800多年以前，可以测出距离洛阳1000多千米之外的陇西郡发生的地震，这确实是世界科学史上的奇迹。因为在西方科学界，利用仪器观测地震已经是19世纪以后的事情了。因此，可以毫不夸张地说，张衡的地动仪领先世界科学界1700多年。

《 候风仪 》

张衡还制作了世界上第一架气象仪器——候风仪，也叫候风铜鸟或相风铜鸟，它是世界上最早的测定风向的仪器。

由于《汉书》的记载很不详细，所以有人误以为候风仪和地动仪是同一件仪器，统称为"候风地动仪"。其实，地动仪与候风仪完全是两回事。

据古籍记载，张衡的候风铜鸟非常精致，他先建了一个五丈高的铜竿，再在竿顶上装了一个铜盘，盘上固定着一只口中衔花的三足铜鸟。

每当刮风的时候，铜鸟就会随着风向转动。这座仪器和欧洲装在屋顶上的候风鸡非常相似，但是张衡的候风铜鸟比西方发明的候风鸡在时间上早1000多年呢！

《 指南车 》

据《汉书》记载，张衡还制造出了黄帝曾制造过的那种指南车。传说，上古时候黄帝和蚩尤作战，黄帝为辨别方向曾经制造过指南车。

在上古，人们还不知道磁石的特性。所以黄帝制造的指南车和磁石没什么关系，只是一架能够始终指向南方的机械装置。由于年代久远，黄帝的指南车到汉代就已经失传许多年了。

张衡的指南车与传说中黄帝的指南车完全相同，无论车子向什么方向行驶，也无论车轮向哪个方向转动，车顶上木人的右手始终指向南方。

遗憾的是，由于年代久远，战乱频繁，张衡制作的指南车同样也没能保存下来。后来，三国时的马钧、南北朝的祖冲之都先后成功地制造过指南车，同样也都失传了。直到20世纪末，中国人民解放军海军工程师刘海涛先生才重新制造出了指南车，并于21世纪初在上海科学史大会上进行过现场演示。

《 会飞的木鸟 》

据北宋李昉撰写的《太平御览》记载，张衡当年还制作过会飞的木鸟。书中说，张衡制作的木鸟，背上装有羽毛制成的翅膀，肚子里装有一些机械装置，能够飞行好几里远。

华夏大地上关于人造飞行器的记载很早就出现了，《墨子·鲁问》中就有这样的记载："公输子削竹木以为鹊。成而飞之，三日不下。"公输子就是公输班——木匠的祖师鲁班。

后人认为，鲁班和墨子制作的只是一种很像飞鸟的风筝，只能像风筝那样放飞或滑行，并不是真正的飞行器。而张衡的

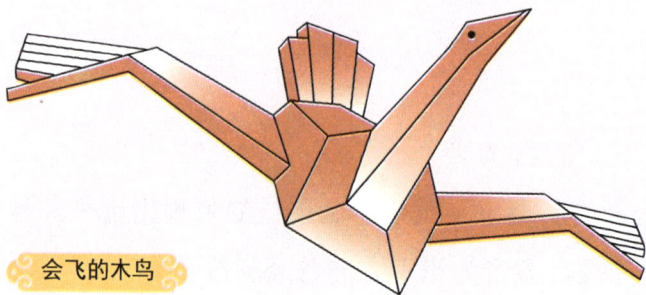
会飞的木鸟

木鸟，安装着翅膀，肚子中有机械装置，能飞行好几里远。如果这个记载是真实的，那么人类制造飞行器的历史至少要提前1800多年。

令人遗憾的是，尽管《太平御览》中有关于张衡制作木鸟的记载，但却没有留下任何资料和图纸。这只会飞的木鸟也和地动仪一样，成了科学史上的难解之谜。或许有一天，有人也能够像刘海涛工程师制作指南车那样，复原出这只会飞的木鸟吧！

名垂青史的伟人

139年，张衡——这位中国古代历史上最伟大的科学家、文学家和发明家，这位前无古人、后无来者的杰出人物永远地与世长辞了。

在这位伟大的科学家身后，为我们留下了许多举世闻名的科学发明和发现；留下了他设计制作的浑天仪、地动仪、候风仪和指南车；留下了《二京赋》《温泉赋》和《归田赋》等文学作品；同时也留下了他掷地有声的名言："君子不患位之不尊，而患德之不崇；不耻禄之不厚，而耻知之不博。"

张衡去世后，他的好朋友崔瑗为他题写了墓碑，称赞他"数术穷天地，制作侔（móu）造化"。前一句是称赞他渊博的数学和天文学知识，后一句是称赞他制作的精准神奇的科学仪器。

由于张衡在科学上的突出贡献，联合国天文学组织将太阳系中的1802号小行星命名为"张衡星"。

张衡的墓地在河南南阳市北25千米石桥镇南面的小石桥村，占地12000平方米，高大的古墓周围种满了松柏。

墓前的石碑上刻着中国科学院院长郭沫若撰写的碑文："如此全面发展之人物，在世界史中亦所罕见，万祀千龄，令人景仰！"

成就辉煌

中医学

秦汉两朝时期，不仅天文学和数学取得了世界第一流的重要成就，传统中医学所取得的成就更加辉煌。

中医学源远流长，是中国古代自然科学最辉煌的成果，也是中华古文明最重要的组成部分。早在春秋战国时期，就出现了扁鹊、苍公等著名的医学大师，而且建立起了神秘的经络学说和奇妙的针灸疗法。

两汉时期，中医学飞速发展，出现了三位中国历史上最重要的医学大师：医圣张仲景、神医华佗和杏林董奉。因为他们都生活在东汉的建安年间，医术都非常高明，所以被后人称为"建安三神医"。

医圣张仲景

在著名的建安三神医中，排在最前面的是医圣张仲景。张仲景不但医术十分高明，而且有名著传世，汉代的两部重要医学典籍《金匮要略》和《伤寒论》都出自张仲景一人之手。

《 医圣出世 》

张仲景（150年—219年），姓张名机，字仲景，河南南阳人。张仲景起初拜同族的叔叔张伯祖为师，学习医学。因为他聪慧过人，又勤于钻研，很快就成了当地名医。

张仲景成名以后，仍然十分好学，只要得知某位医生有医术高明之处，总是不惜长途跋涉，前去登门求教。

他听说襄阳有一位姓王的外科医生治疗痈（yōng）疮有绝招，人称"王神仙"，就立即背上行囊，跋涉数百里，前往拜师。张仲景以谦恭的态度和恳切的言辞，令"王神仙"疑虑尽消，倾心相授。

《 太守坐堂 》

如今我们看到许多中药店都称为"XX堂"，在大药店现场诊病的老中医叫"坐堂

在古代最重要的四部医学典籍中，《黄帝内经》和《神农本草经》是战国医学家假托前人的名义写的，而《金匮要略》和《伤寒论》，都出自东汉医学家张仲景之手。

张仲景

医"，这些医界行规都源于医圣张仲景。

张仲景出身于书香门第，本来是一位朝廷官员，在东汉末年还担任过长沙太守，医学只是他的业余爱好。

据说，张仲景在当长沙太守的时候，每逢农历的初一、十五都停止办公，在太守府衙的大堂上摆好医案，为贫苦老百姓免费义诊，所以称为"坐堂"。

从那以后，中药店就都以"XX堂"命名了。像同仁堂、鹤年堂、九芝堂等名称都是这么来的。由于张仲景当过长沙太守，人们也尊称张仲景为"张长沙"。

人们永远也忘不了这位品德高尚的名医，家乡的父老为他修建了著名的"医圣祠"，至今香火极盛。1981年，在医圣祠的土中发现了一块古代墓碑，碑的正中央刻着一行字"汉长沙太守医圣张仲景之墓"，碑座后面还用隶书刻着"咸和五年"四个字。咸和五年是330年，这座墓碑现在已经被鉴定为国家二级文物。

张仲景身为朝廷命官，为什么会为老百姓坐堂行医并成为医圣呢？他在《伤寒论》的序言中说得很明白，第一是为了治疗君王和亲人的疾病；第二是为了免除贫困老百姓的苦难；第三是为了让人们养生、健体。

由于张仲景精研医学，他的医术非常高明，许多不好治的疑难杂症都被他治好了。因此，人们传说他能起死回生。

撰写医书

张仲景不仅医术高明，他还在博览群书、广采众方的基础上，倾注了毕生的心血，撰写了中国古代最重要的医学典籍——《伤寒论》和《金匮要略》。

张仲景撰写的《伤寒论》原名叫《伤寒杂病论》，是他长期精研医学的成果，也是他一生行医诊病的重要总结。他在这部书中，奠定了以"六经"和"八纲辨证"为诊病基础的重要中医学理论。

直到今天，这部1800多年前的中医学著作仍然是中医院校教学中必不可少的教科书。

更有趣的是，这部《伤寒杂病论》从它诞生的那天起，就同书中记载的医学理论一样，注定要有一个精彩纷呈、曲折动人的独特命运。

《 名传后世 》

张仲景的《伤寒杂病论》大约是210年写成的，由于当时纸张的使用还不太普及，因此这部书最初是写在竹简上的，传播起来非常困难。直到西晋时期，这部《伤寒杂病论》才开始广泛流传。

西晋有位太医令叫王叔和，在一个偶然的机会，他见到了这部写在竹简上的《伤寒杂病论》。虽然王叔和得到的《伤寒杂病论》是断简残章，但是书中精湛的医学理论和高超的医术让他如获至宝。

于是，这位太医令就利用自己的特殊身份，全力搜集《伤寒杂病论》的各种抄本。功夫不负有心人，他最终找全了张仲景关于"伤寒"的全部内容，经过整理、加工

王叔和

后，命名为《伤寒论》。

《伤寒论》署名张仲景，全书共22篇，5万多字，记述了397条诊病的方法和113首方剂。清代名医徐大椿曾说过："苟无叔和，焉有此书？"

张仲景的《伤寒杂病论》能流传到今天，王叔和是立下大功的。但是在王叔和整理的《伤寒论》中，杂病部分却不见踪迹了。

从那以后，《伤寒论》开始广泛流传，并受到中医学界的一致推崇。南北朝名医陶弘景曾经说过："惟张仲景一部，最为众方之祖。"这部奠基性的中医学著作，把张仲景推上了医圣的崇高地位。但是，事情还远没有结束呢！

〖 再现辉煌 〗

到了张仲景去世800年后的宋朝，围绕着张仲景和他的《伤寒杂病论》，再次上演了戏剧性的一幕。

北宋仁宗时，有个名叫王洙的翰林学士，非常喜欢读书。他在翰林院的书库里发现了一部被虫子蛀坏了的竹简，书名叫《金匮玉函要略方论》。

这部书的一部分内容与《伤寒论》很相似，而另一部分，却是论述各类杂病的。后来，大宋名医林亿、孙奇等人奉朝廷的命令校订张仲景的《伤寒论》时，就把这部《金匮玉函要略方论》拿出来和《伤寒论》进行对照。这一对照才知道，两部书都是东汉张仲景撰写的。于是，就把这部新发现的书改名为《金匮玉函经》，两书同时刊印。

《金匮玉函经》共25篇，记载了药方262个。至此，《伤寒杂病论》的全部内容都找到了，并开始广泛流传开来。今天我们看到的《金匮玉函经》就是宋代的校订本。

中华
文明故事

《 享誉海内外 》

《伤寒杂病论》成书到现在已经1800多年了，始终被中医学家所推崇。书中所列的药方，按"君臣佐使"配伍极为精妙，许多药方至今还在广泛应用。直到21世纪初，"非典"泛滥时期，张仲景的药方仍然受到重要关注。

张仲景的《伤寒杂病论》不仅是中医院校学生的必读书，而且早已流传到海外，全世界有无数学者对《伤寒杂病论》进行过研究探索，并留下了上千种专著。1993年，国际知名的英国维尔康医史研究所推举了29位世界医学伟人，东汉名医张仲景就名列其中。

《 诊病奇闻之一 》

有关张仲景医术卓绝的传说相当多，其中最有趣的就是他为山中老猿诊病的故事。

有一次，张仲景到桐柏山中采药，遇到一个老人让他诊病。把完了脉，张仲景问他："您的腕脉怎么是兽脉呢？"那个老人说了实话："我是这山中生活了多年的老猿。"

于是，张仲景就拿出囊中的丸药给他吃。老猿服后病就完全好了。

这只老猿知恩图报，第二天就扛来一根木头送给了张仲景，并对他说："这是一根万年桐木，用来报答您的大恩。"

传说，张仲景把这根桐木制成了两把古琴，一把取名叫"古猿"，另一把叫"万年"。

《 诊病奇闻之二 》

传说张仲景还给大文学家王粲治过病呢。

王粲，字仲宣，是《登楼赋》的作者，著名的建安七子之一。传说，张仲景见到王粲时，王粲只有20来岁，张仲景对他说："你身体有病，40岁时眉毛会脱落，再过半年就会死去。"并告诉王粲服用五石汤可以治好这个病症。

王粲嫌张仲景说的话难听，接受了五石汤却没喝。过了三天，张仲景又见到了王粲，就对他说："看你的脸色，根本就没喝五石汤啊，你怎么能拿自己的生命不当回事呢？"王粲根本不相信张仲景的话。20年后，王粲的眉毛果然脱落了，又过了187天就去世了。

《 诊病奇闻之三 》

传说中国人过年最喜欢吃的饺子，也是张仲景发明的。

有一年冬至前后，南阳一带特别寒冷，许多人的耳朵都生了冻疮。于是，张仲景便在自家庭院里搭起大棚，架上一口大锅，煎煮"娇耳汤"为贫苦百姓防治冻疮。

娇耳汤，就是用面皮包裹剁碎的羊肉，做成有点儿像耳朵的样子的食品，放入开水锅中，再加入一些辛辣温热的药共同煎煮而成。

张仲景让前来求诊的冻疮病人每人吃几个"娇耳"，饮一碗汤，病人全身就暖和起来，两耳也开始发热。用这种方法防治耳朵的冻伤非常有效。"娇耳"本来就是娇爱耳朵之意，时间长了就变成了同音词"饺饵"——也就成了我们今天过年吃的饺子了。

神医华佗

在东汉末年的"建安三神医"中，华佗不仅以独特的医疗方法，在内科、外科、妇科、儿科的临床诊治中创造了许多医学奇迹，他还是世界上最早使用麻醉剂的医生。

华佗（145年—208年），姓华名旉（fū），字元化，汉末沛国谯郡（今安徽亳州）人。华佗自幼攻读诗书，对《尚书》《诗经》《周易》和《春秋》等古籍都非常精通，有相当高的文化素养，这为他成为一代名医打下了重要的学术基础。

《 行医在民间 》

华佗虽然通晓经书，却淡薄功名利禄，对当官没有什么兴趣。东汉太尉黄琬和沛相陈珪都曾经征召他做官，但都遭到了他的拒绝。华佗的志向就是做个平凡的民间医生，用自己的医术解除病人的痛苦。

华佗医术非常高明，他配制的汤药通常只是几味常用药，由于运用得当，病人总是很快就能痊愈。如果病人的病症需要灸疗或针疗，也不过一两个穴位，同样是应手而愈。

华佗对民间的验方十分重视，许多验方经过他的提炼，往往具有神效。当时黄疸病流行严重，民间流传用茵陈可以治疗。于是，华佗花了三年多的时间对茵陈的药效进行实验，最后，他用初春三月的茵陈嫩叶救治了许多病人。至今民间仍然流传着华佗留下的歌谣："三月茵陈四月蒿，传于后世切记牢，三月茵陈能治病，五月六月当柴烧。"

华佗医术高明，他不仅在内科、外科、妇科、儿科等方面都有神奇的治疗技艺，而且是全世界最早在临床上使用麻醉剂的医生。遗憾的是，华佗的医术没能流传至今。

华佗

据唐代名医孙思邈记载，华佗还使用温汤热敷，解除蝎毒；用青苔炼膏，治疗马蜂螫后的肿痛；用紫苏叶治疗鱼蟹中毒；用黄精滋补虚劳等等。华佗的这些治病方法不仅简便易行，而且收效神速。

《 应用麻醉术 》

在小说《三国演义》中有这样一个小故事：蜀国大将关羽在打仗时中了一支毒箭，请华佗治疗。关羽一边与谋士马良下棋，一边伸出胳臂让华佗治伤。华佗用刀割开关羽的伤口，一直割到骨头上，由于中了毒的骨头已经发青了，华佗就用刀刮骨头，帐里帐外都能听到窸窣的响声。

在场的人全都捂着脸不敢看，关羽脸上却毫无痛苦。手术做完了，关羽大笑而起，对众将说道："此臂伸舒如故，并无痛矣。先生真神医也！"

作者罗贯中的原意是为了描写关羽的坚强，但其实关羽疗伤时确实不怎么疼，因为华佗在他的伤口上施用了局部麻醉。

华佗是世界上最早使用麻醉剂的医生。据推测，华佗使用的麻醉剂由曼陀罗和草乌、白芷、川芎、天南星等药物组成。而西方在医疗中使用麻醉剂已经是公元1800年以后的事了，华佗使用麻醉剂领先世界1600多年。

华佗不仅能进行局部麻醉，还能对人进行全身麻醉。

据《后汉书》记载，华佗先让病人饮用麻醉剂，然后在病人毫无知觉的情况下给病人打开腹腔，切除溃烂的内脏，甚至进行剖腹取胎等外科手术。

《后汉书》记载了这样一个小故事：有个姓李的将军请华佗给他妻子看病，这位将军说他的妻子摔了一跤，肚子痛得要命。华佗仔细做了

中华
文明故事

检查，断定是肚子里的胎儿受了伤，夫妻俩都不相信。那位将军还说："胎儿早已经生了下来，怎么还会有胎儿呢？"

过了两天，病人肚子痛得更厉害了，只好又派人来请华佗。华佗还是说她肚子里有个胎儿，已经死了，应当赶快取出来。将军这才着了急，赶紧请华佗给他妻子做剖腹手术，果然取出了一个死胎。

原来李将军妻子怀的是双胞胎，虽然生下来一个娃娃，另一个却死在了肚子里，所以痛得要命。这位将军对华佗既钦佩又感谢。

《 独创五禽戏 》

华佗不仅内、外科都十分精通，而且还重视养生医学，他根据经络理论创立了一套特殊的延年祛病的练功方法——五禽戏。

华佗的"五禽戏"模仿虎、鹿、猿、熊、鸟五种动物形态，是中国古代最早的练功方法。"五禽戏"的动作取虎的前扑捕物、鹿的伸转头颈、熊的伏倒起立、猿的脚尖纵跳和鸟的展翅飞翔五种动作。

传说，华佗的弟子吴普按照"五禽戏"天天锻炼，活到90多岁耳不聋，眼不花，连牙齿都没掉一颗。唐代名医孙思邈认为，华佗的五禽戏可能是神仙传下来的。

华佗医术十分高明，他治病的方法也与众不同，有时虽然非常简单，却有着神奇的疗效。

华佗五禽戏

【 诊病奇闻之一 】

有一次，华佗在路上遇见一位患咽喉阻塞的病人，正乘车去寻医治疗。这位病人吃不下东西，呻吟得十分痛苦。华佗很仔细地对病人进行了诊视，然后对他说："你向路旁卖饼的人家要三两韭菜，把它捣碎了，再加半碗酸醋，调好后吃下去病自然就好了。"病人按照他的话，吃下了这碗捣碎的韭菜和醋搅和成的汁，吐出一条像蛇一样的寄生虫，他的病当时就好了。

【 诊病奇闻之二 】

有个郡守生病，病得很严重，请来华佗给他诊病。

华佗给他诊完病，对他儿子说："你父亲的病很特殊，有大量瘀血积在腹中。应当让他重重大怒，把瘀血呕吐出来，病才能好，如果不这样就只有等死了。你能不能把他平时做得最坏的事情告诉我，让我留一封信，狠狠地责骂他一顿？"

这个郡守的儿子说："只要能治好父亲的病，有什么不能。"于是，就把他父亲过去做的坏事全都告诉了华佗。华佗临走时留下一封信，信中把郡守狠狠地责骂了一顿。

郡守看了这封信果然大怒，立即派手下人捉拿华佗，当然没有捉到。郡守更加愤怒，气得呕吐黑血数升，病果然完全好了。

【 惨遭不幸 】

东汉末年，华佗的同乡曹操当了丞相。曹操患有偏头疼，于是，就让人把华佗找来给他治病。华佗只要扎上几针就可以止住曹操的头痛，因此，曹操很想把华佗留在身边。但是华佗不愿意只为他一个人治病，曹操在大怒之下，就把他杀了。一代神医华佗，就这样永远离开了他神圣的事业。

华佗一生深入民间，行医足迹遍布黄河两岸和大江南北，不仅在民间享有盛誉，在历史上也非常有名，《后汉书》和《三国志》都专门为他立了传。直到今天，人们仍然以"华佗再世""元化重生"称赞那些医术高明的医生。

杏林神医董奉

在东汉末年的"建安三神医"中，最神秘莫测的就要数杏林董奉了。

张仲景以高明的医术、精湛的医理和不朽的医学典籍被称为"医圣"；华佗以独特的诊病方法、杰出的医

董奉是一位最典型的平民医生，他是如何诊病救人的，他的医术究竟有多么高超，今天已经找不到任何相关记载了。我们只能通过庐山杏林的古迹，领略这位伟大的医学大师的风范了。

学贡献和高尚的人格魅力被世人奉为神医；而董奉既没有留下高深的中医学专著，也没有留下具有奇效的单方验方，只给后人留下了极好的口碑和一片美丽的杏林。

【 杏林佳话 】

传说，董奉信奉道教，年轻时曾参加过黄巾起义，后来隐居在庐山。在正史和医典中，我们很难找到这位神医的踪迹，只有东晋葛洪写的《神仙传》中记载着他隐居在庐山杏林之中，为贫苦百姓诊病的事迹。

传说，董奉为人诊病从不收取报酬，只要求病情较重的病人病治好

后，在他隐居的山坡上种五棵杏树。对于病情较轻的病人，只要种一棵就可以了。

这样，十几年以后，董奉隐居的山坡上就有了十多万株杏树。每到春天，杏花开放，他家门外就成了一片美丽的花海。

董奉在杏林中盖了间草房，平时就住在里面。到了夏季杏子成熟的时候，他总是对人们说，谁要买杏子，不必告诉我，只要装一盆米倒入我的米仓，便可以装一盆杏子。董奉每年都把用杏子换来的米储存起来，用以救济附近的贫苦百姓和过路的人。

《 养生始祖 》

董奉不仅医术高明，而且是中国古代最著名的养生大家。

据葛洪《神仙传》记载，东吴孙权当政时，有个少年在侯官当地方官，他第一次见董奉时，董奉就已经四十多岁了。后来，这个人被罢官回了家。

又过了五十多年，这人担任其他官职，路过侯官时，又见到了董奉。其他人都已经很苍老了，只有董奉的容颜仍然和五十年前一样，没有多大变化。这个人就问董奉："您难道得道了？我年轻时见您就是这个样子，如今，我的头发全都白了，您反而比以前还年轻了，怎么会这样呢？"董奉却回答说："只不过是偶然罢了。"

《 神秘离世 》

葛洪的《神仙传》记载，杜燮当交州刺史时，得了重病，死去三天后，董奉居然救活了他。

杜燮为了报答董奉，专门为他建了座高楼。董奉平时只吃些枣脯，饮很少的酒，并不吃别的食物。每次来的时候都像鸟一样飞入楼中，吃完饭就飞走了，没有人知道他的来去。

过了一年多，董奉向杜燮辞行，杜燮问他是否需要用船。董奉回答："不用船，只需要一具棺木。"于是，杜燮就为他准备了一具棺木。第二天正午，董奉就死了，杜燮就把他装入棺木殡葬了。

七天以后，有人从容昌来到交州，对杜燮说："董奉让我好好谢谢您，并让您多多保重身体。"杜燮听了这话，就打开了董奉的棺木验看，发现棺中根本就没有尸体，只有一块丝帛，一面画着一个人形，另一面用红笔画着一道符。

《 杏林神迹 》

东汉以后，人们在董奉隐居的庐山修建了"杏坛"，以纪念这位伟大的平民医生，"杏林"二字也成了中医界的代名词。直到今天，人们在称赞医德高尚、医术精湛的医生时，仍然用"誉满杏林""杏林高手"来形容。

历代著名的诗人都在庐山留下了赞颂董奉杏林行医的名句，其中著名诗人王维的诗句"董奉杏成林，陶潜菊盈把"最为亲切，董奉济世救民的崇高形象已经永远定格在了千万贫苦百姓的心中。

大漠茫茫

丝绸路

中国历史上最早、最伟大、最重要的发明就是丝绸。

中国古代四大发明虽然重要，但是远不如丝绸的发明历史悠久。

古人可以不用火药、不用纸张、不读诗书、不用指南针，可他们却不能不穿衣裳啊！因此，古代劳动人民发明的丝绸，对世界文明的贡献甚至超过了四大发明。

丝绸是我国古代劳动人民在没有历史记载的史前时期发明的，距今已经有约 5000 年的悠久历史了。直到今天，中国丝绸仍然是世界上最美丽、最舒适、最环保的衣料。

灿若云霞映河山

我们前面讲过，中华古文明属于大河文明。几千年以来，粮食生产和丝织品生产始终是我们这个古老的农业大国最重要的生产活动。

从远古到20世纪初，在华夏大地上，养蚕和丝织始终是女性的工作，男人很少插得上手。因此，在中国古代男耕女织的分工中，女性很自然地就担当了蚕丝生产的主角，从而养成了中国妇女勤劳勇敢而又含蓄温柔的品格。

可以说，从远古到今天，跨越几千年的、辉煌的丝绸史，就是由中国乡村的伟大女性编织出来的。在她们心中，丝绸是人间最美丽的云霞，映衬着她们的生活，维系着她们的幸福。她们中有许多人可能还没有意识到，这美丽的云霞至今仍然映照着我们祖国的锦绣河山。

中国古人在2000多年前的西汉王朝，建立起了沟通欧、亚两大洲的"丝绸之路"，开始了与西方的商业往来，出现了东西方最早的文化交流和科技交流。

《 美丽的传说 》

在中国流行了几千年的美丽丝绸是谁最先发明的呢？是在什么时间发明的？在什么地方发明的？今天都已经无从知晓了，我们只能从流传了几千年的美丽传说中领略和欣赏她最初的光彩了。

民间传说，远古时期，黄帝的妻子嫘祖发明了养蚕缫丝。有一天，嫘祖在桑林里喝水，树上有一只野蚕茧落下来掉入她的碗中，她用树枝挑捞蚕茧时挂出了蚕丝，而且连绵不断，愈抽愈长。

于是，嫘祖便使用蚕丝纺纱、织锦，并做成了美丽的衣裳。部落的姑娘们都是嫘祖的好姐妹，嫘祖耐心地教她们种桑、养蚕、抽丝、织锦、做衣裳。从那以后，华夏大地就开始生产丝绸了。

直到今天，中原地区的人们在织机房中仍然供奉着嫘祖的画像，还流传着嫘祖从西王母的御花园中把桑蚕带到人间的故事。

《 祭祀桑树之神 》

从2800年前的西周开始，每当春天到来，斑鸠开始整理羽毛、戴胜鸟降落在桑林中的时候，天子的后妃们都要亲自斋戒，在皇城东郊祭拜桑树之神，并且要求全体妇女都观看这个重要仪式。

在西周时期，妇女的工作就是采桑和养蚕，然后以蚕茧的多少和蚕丝的分量衡量功劳的大小。

由于在公田中养蚕和缫丝是为了制作祭祀祖先时穿的礼服，所以每个人都非常重视，不敢当作儿戏。

从西周到春秋战国，桑蚕养殖业和农业一样，始终是国家经济生活最重要的组成部分。

牛郎织女

《 织女星的传说 》

早在夏商时期的历法《夏小正》中，就出现了"织女星"的名字："七月，初昏织女正东乡。"

按照孔子的说法，《夏小正》是夏末商初的历法。由此可以推算出，早在4000多年前的夏代，中国的丝织业就已经相当

发达了，否则人们是不可能用"织女"给星星命名的。

在西周时期的《诗经·小雅·大东》中，人们已经开始用"织女星"描述重要的天文现象了。

原文	译文
维天有汉，	天上有一条银河，
监亦有光。	照着人呀在发光。
跂彼织女，	伸着头的织女星，
终日七襄。	一天七次移动地方。
虽则七襄，	虽然一天移动七次，
不成报章。	织的布却不成纹章。

这美丽动人的诗歌证明，中国古代的丝织业在西周时期已经非常发达了。到了战国时期，"养蚕缫丝、织丝成锦"已经成了常见的家庭手工业，两汉时期丝织业的繁荣就是在这个基础上出现的。

《 丝织业的鼎盛 》

西汉的文景时期是中国丝绸史上的第一个鼎盛时代。

西汉初年，朝廷崇尚"黄老之学"。尤其是文帝和景帝时期，官方用"黄老思想"治理国家，税收从"十五取一"直降到"三十取一"。这种轻徭薄赋的国策，让老百姓和国家都得到了充分的休养生息，很快就出现了民富国强的大好局面。这就是历史上著名的"文景之治"。

文景时代，因为政治清明，政府拒绝扰民，养蚕业和丝织业都出现了前所未有的飞速发展，黄河中下游和四川的成都平原成了当时丝绸生产最发达的地区。

官府"轻徭薄赋"的政策，有力地推动了民间丝织业的发展，普通农户全都在房前屋后种上了桑树，家家养蚕，户户织锦，那些富庶之家甚至开设了规模很大的丝织工场。

据古书记载，当时河北巨鹿陈宝光家的丝织作坊以生产散花绫闻名于世。这种散花绫织造复杂，60天才能织成一匹，品质非常精美。

四川的蚕丝业发源也很早，是西汉丝绸生产的另一个重要产地。到了东汉中期以后，成都生产的蜀锦已经闻名天下了。

《 古墓中的珍宝 》

西汉时期，由于丝织业发达，所以留下了许多精美的出土文物。1972年，在长沙马王堆一号西汉墓葬中，曾发掘出大批丝织品，不仅品种众多，而且都是精品，主要有以下几种：

绢：绢是汉代流行的丝织品。西汉古墓中出土的绢有三种，经丝密度最粗的每厘米55根，中等的每厘米75根，最细的每厘米120根。三种绢虽然用途不同，但是都非常精美。

纱：纱是质地轻薄的丝织品。墓中出土的一件素纱衣，长128厘米，袖长190厘米，重量却只有49克，还不到一两重。还有一块幅宽49厘米，长450厘米的纱料，重量仅有2.8克。真是"薄如蝉翼"啊！这可能就是汉代著名的蝉翼纱。

绮：绮是在平纹底子上织出暗花的丝织品。有的图案是菱形花纹，有的图案是五彩云纹，还有的图案是在菱形框架内填双鸟纹和四面对称的花纹，非常美丽。

菱纹罗：菱纹罗是一种特殊的高级丝织品。它的特点是花底透明，花纹和底纹都露有绞纱的纱孔，不仅十分精妙，而且带有一种高贵、典雅之美。

马王堆汉墓中出土的丝织品色彩也非常丰富，有绛色、紫色、黑色、白色、金色、银色、朱红、墨绿、黄绿、中黄、深蓝、浅蓝、宝

中华
文明故事

出土汉代丝绸

蓝、银灰等多种美丽的颜色。

这批宝贵的文物，充分展示了西汉初期丝织、印染、刺绣技艺的极高水准，闪耀着我国古代劳动人民智慧的光辉。

《 倩影遍布世界 》

在中华民族的每一个历史阶段，都映衬着丝绸那美丽、飘逸的倩影，尽管在不同的历史时期流行着不同的样式和织法，有着不同的纹样和颜色，然而，它那柔美舒适、精致典雅、美如云霞的高贵气质始终是无与伦比的。

在国内，除了著名的马王堆汉墓中出土了品种繁多的汉代丝织品之外，在河北、山西、湖北、湖南、甘肃、内蒙古和新疆维吾尔自治区等许多地方的古墓中，也都发现过汉代丝绸的"倩影"。

在国外同样到处都有中国丝绸的踪迹，在蒙古草原上的诺因乌拉、叙利亚大沙漠中的帕米拉、幼发拉底河岸上的杜拉、西伯利亚的叶尼塞河畔、黑海岸边的克里米亚半岛，也都先后发现过两汉丝绸的踪迹。

汉代丝绸为什么会在全世界分布得如此广泛呢？这就得从古老的"丝绸之路"说起了。

丝绸之路传友情

张骞通西域

世界上路程最长、海拔最高的路，大概就是从西汉的长安通往黑海岸边的"丝绸之路"了。这条汉代"丝绸之路"的开拓者，就是伟大的张骞。

张骞（前164年—前114年），字子文，汉中城固人，西汉伟大的外交家、探险家和旅行家，著名的"丝绸之路"就是他开拓出来的。

但是，张骞开拓这条贯穿东西的友谊之路，最初的目的可不是文化交流和商业贸易，而是军事上的原因。

《 汉武帝的决策 》

西汉建立以后，北方强悍的匈奴骑兵经常侵入汉朝领土，骚扰和掠夺中原的居民。

公元前200年的冬天，连汉高祖刘邦都差点儿成了冒顿单于的俘

虏。西汉文帝时，匈奴的骑兵多次逼近长安，严重地威胁着西汉国都的安全。

公元前140年，汉武帝刘彻当了皇帝。这时候，经过"文景之治"的西汉王朝在经济和军事上已经变得很强大。刘彻决心打败匈奴，解除来自北方的威胁。

汉武帝即位不久，从投降过来的匈奴人口中得知，在敦煌一带住着一个叫大月氏的游牧民族。

大月氏在秦汉交替的时候开始强大起来，并多次与匈奴发生冲突。后来，大月氏被匈奴冒顿单于打败，被迫向西迁徙，在新疆的伊犁一带重新建立了政权。

听到这个情况，汉武帝决定联合大月氏夹击匈奴。于是，就下令选择人员出使西域。满怀抱负的张骞挺身而出，毅然担起了出使大月氏的重任，踏上了西去的征途。

西域路在何方

长安到西域有两条路。

南路：出玉门关向南，然后沿昆仑山北麓向西走，经且末、于阗、莎车，到达葱岭。

北路：出玉门关向北，然后从吐鲁番沿天山南麓向西走，经焉耆、轮台、龟兹、疏勒，到达葱岭。

南、北两条路之间，横亘着一望无际的塔里木大沙漠。

在这片广大地区分布着氐、羌、突厥等多个民族，总人口三十多万，这些民族大都在匈奴政权的控制之下。只有地处葱岭以西的大宛、大月氏、乌孙、大夏等国因距匈奴比较远，还处于相对独立状态。

因此，汉朝决定派遣使者沟通西域，联合大月氏，在葱岭东西打破匈奴对西域的实际控制。

这个决定确实具有重大的战略意义，张骞就是在这样的背景下踏上了出使西域的征途。

〖 出师不利 〗

公元前139年，张骞率领一百多人的使团，请当地的胡人堂邑父为向导，从陇西出发，向西进入了河西走廊。没想到，张骞一行人还没走出河西走廊，就碰上了匈奴的骑兵，全部被抓获，并被押送到匈奴的王庭（今内蒙古呼和浩特附近），去见匈奴大单于军臣。

军臣大单于得知张骞要出使大月氏，就对张骞说："大月氏在我们北面，汉人怎么可以去？如果我们要出使南越，汉朝能让我们穿过去吗？"

于是，军臣大单于就下令把张骞一行扣留，将他们软禁了起来。

匈奴单于为阻止张骞出使大月氏，用尽了手段，甚至给张骞娶了个匈奴妻子。张骞在匈奴留居了十年之久，但是始终没有忘记自己的使命。

公元前129年，由于时间长了，匈奴人的监视渐渐松弛。张骞果断地离开妻儿，带领随行人员，逃出了匈奴王庭，继续向西行进。

在张骞被困匈奴的十年间，西域的形势发生了很大变化。乌孙国在匈奴的支持下，向西攻打大月氏。大月氏人被迫从伊犁河流域继续向西迁徙，在黑海附近建立了新的家园。

张骞可能了解到了这个情况，所以他们到达车师后没有继续向原定的目标伊犁河流域进发，而是折向了西南，沿塔里木河向西行进，准备翻越葱岭，再向西寻找大月氏。

《 翻越葱岭 》

大漠中的逃亡是十分危险和艰难的。幸运的是，张骞在匈奴留居十年，详细了解了通往西域的道路，并学会了匈奴人的语言，他们穿上胡服，顺利地穿过了匈奴控制区。

张骞一行溯塔里木河而上，向西、向南艰难地行进。他们经过疏勒，翻越葱岭，最后到达了大宛（今乌兹别克斯坦境内）。

翻越葱岭的行军非常艰苦，在茫茫戈壁滩上，飞沙走石，热浪滚滚。在冰雪皑皑的葱岭，北风刺骨，寒冷异常。由于一路之上人烟稀少，水源奇缺，再加上他们出逃匆忙，连干粮都没带足，渴了，只能啃路边的冰雪，饿了，就靠善射的堂邑父猎杀禽兽充饥。许多身体稍差的随行人员因为饥渴献出了生命，永远留在了通往西域的路上。

张骞到达大宛后，向大宛国王说明了自己的身份，并告知自己此行的目的地是大月氏，希望大宛能派人相送。

大宛国王早就听说东方的汉朝十分富庶，也很想与汉朝往来。汉朝使者的意外到来，使他非常高兴。大宛国王热情地款待张骞，并派向导和译员将张骞送到了康居（也在今乌兹别克斯坦境内），康居国王又派人把他们送到了靠近黑海的大月氏。

《 返回东方 》

张骞一行虽然到达了大月氏，却没有达到出使的目的。这时的大月氏已经在黑海附近建立了新的家园。这里土地肥沃，物产丰富，距匈奴和乌孙都很远，已经没有了外敌侵扰的危险。所以，他们也就改变了原来的态度。

大月氏人已经不想向匈奴复仇了，他们认为汉朝离大月氏太远，如果双方联合攻击匈奴，遇到危险很难相助。张骞在大月氏逗留了一年多，始终没能说服大月氏人与汉朝建立联盟，只好动身返回汉朝。

返回途中，为了避开匈奴的骑兵，张骞一行改变了原来的行军路线，越过葱岭后，他们没走塔里木盆地的"北道"，而是改走"南道"，沿昆仑山北麓向东经莎车、于阗、鄯善，进入羌人的居住区。

出乎意料的是，此时羌人也已经沦为匈奴的附庸，张骞等人再次被匈奴骑兵俘获。直到公元前126年，匈奴发生内乱，张骞才乘机返回长安。

张骞出使西域是公元前139年出发的，至公元前126年才回到长安，前后共十三年。出发时一百多人，回来时仅剩张骞和堂邑父两人，其余的人全都死在了征途上。

《 张骞的功绩 》

从西周建立，直到秦始皇修万里长城，中央政权的实际影响从没有超越过甘肃临洮，中原文化对西域的影响也非常微弱。

张骞通西域不仅加强了青海、新疆同内地的联系，而且使中国同中亚、西亚和南欧各国加强了往来。

张骞通西域不仅使中华古文明的影响第一次越过葱岭，传播到了西亚，同时也使得西域地区的文化第一次越过葱岭，到达了世界的东方。最早的西域歌舞就是随着丝绸之路的开通流传到长安的。

张骞通西域，既是一次艰险的外交旅行，也是一次卓有成效的科学考察。回长安后，张骞将西域的见闻向汉武帝作了详细的报告。今天我们在司马迁的《史记·大宛传》中，仍然可以看到张骞对西域各国的详细描述。这些真实的历史记述，现在已经成为世界各国学术界研究这些地区和国家公元前社会状况的珍贵历史资料。

《 茶马古道 》

张骞到达大夏（波斯）时，曾经在当地的市场上看到过四川出产的竹杖和蜀锦，他觉得很奇怪，就询问当地的商人，商人们告诉他说这些货物是从身毒（印度）运过来的。

张骞认为，大夏位于汉朝的西南方，离长安有一万多里，而身毒位于大夏的东南方，也有几千里，身毒怎么会有蜀地的物产呢？可见，身毒距离西蜀可能并不很远。

张骞认为从西蜀经身毒到达大夏，可能有一条更近的路，这条路还可以免遭匈奴的困扰。

张骞的确不寻常，这条路就是后来著名的茶马古道的一部分。很多人认为茶马古道起始于唐代，但是根据张骞的记述，早在西汉时期，就已经有人走过这条从西蜀到印度的商业通道了。因为这时候商人们贩运的主要是蜀地的丝绸，还不能叫"茶马古道"，也许应该叫"西南丝绸之路"吧！

汉武帝采纳了张骞的建议，命令蜀郡的官员打通西蜀到大夏的西南通道。

《 再建奇功 》

由于当时西南边陲比较混乱，派到西南去的使者又没有张骞那种百折不挠的精神，所以打通"西南丝绸之路"的愿望最终没能实现。在这种情况下，张骞再一次踏上了打通西南丝绸之路的征程。

公元前119年，汉武帝任命张骞为中郎将，派他率领三百随行人员、六百匹战马和牛羊金帛数万，第二次踏上了出使西域的征程。这时匈奴的势力已经被汉朝军队逐出了河西走廊，道路十分通畅。

张骞到达乌孙，先在那里驻节。然后，又派副使分别到大宛、康居、安息、大月氏、身毒等国展开外交活动。他们的足迹遍及整个中亚、西亚和南亚各国，最远的使者甚至到达了地中海沿岸的罗马帝国。

公元前115年，乌孙国王配备了翻译和向导，护送张骞回国，同行的还有几十名乌孙国的使者，他们带来了乌孙国王送给汉武帝的几十匹好马，这是西域人第一次到达中原。

张骞回到中原后，被汉武帝任命为"大行"，负责接待各国的使者和宾客。可惜的是，第二年张骞就因病去世了。

以后，张骞派遣的副使们陆续带回了各国的友好使者。从那以后，西汉和西域各国建立了非常友好的关系。

《 意义深远 》

张骞通西域意义非常重大，这条漫长的"丝绸之路"直接促进了中国和西域的商业往来和文化交流，中国精美的丝绸和玉器、铜器、漆器等手工艺品开始传到西方。而西域的土特产，像葡萄、石榴、苜蓿、大蒜、胡桃（核桃）、胡麻（芝麻）、胡瓜（黄瓜）及各种毛织品、毛皮、良马、骆驼、狮子、鸵鸟等，也源源不断地传入了中国。

与此同时，西域的音乐、舞蹈、绘画、雕塑也开始传入中国，对中国古代文化艺术产生了积极的影响。

张骞不畏艰险，两次出使西域，沟通了亚洲和欧洲之间重要的陆路交通，使中国与西亚和欧洲开始了友好往来，促进东西方经济和文化的广泛交流，可以说张骞是推动中国文化走向世界的第一人。

西域歌舞

秦汉
星光耀千古

　　我国古代的科学技术，在春秋战国"百花齐放、百家争鸣"的大好形势下取得了飞速的发展。在这个基础上，秦汉时期的科学家们再次取得了前所未有的辉煌成果。陕西秦始皇陵陪葬坑中出土的青铜车马，甘肃武威汉墓中出土的马超龙雀，河北满城汉墓中出土的长信宫灯，都是这个时期重要的文化成就，充分展示了秦汉时期先进的科学技术水平。

在秦汉时期的全部出土文物中，外表最精美、体态最雄伟、构造最复杂、科技含量最高、制作工艺最先进的就是秦始皇陵出土的两辆青铜车马。

1990年，中国邮政总局发行了一枚名为"秦始皇陵铜车马"的小型张，这枚小型张上的图案就是1980年在陕西秦始皇陵陪葬坑中出土的国宝——秦始皇陵青铜车马。

秦始皇陵出土的青铜车马共两辆。据专家们认定，这两辆青铜车马是公元前221年至公元前210年制造的，是全世界迄今为止发现的年代最早、形体最大、保存最完整的古代青铜车马，它对研究中国古代的车马制度、雕刻艺术和青铜铸造技术具有非常重要的历史价值和科学价值。

这两辆青铜车马是秦始皇陵陪葬的大型铜车马模型，两辆青铜车马出土的时候，一前一后，基本上就是小型张画面上的这个样子。每辆青铜车都由四匹青铜马拉着，大小都是真人真马的二分之一。

前面那辆是"战车"，是负责护卫的武士乘坐的，被编为一号铜车马。后面那辆是"安车"，是后妃或官员乘坐的，被编为二号铜车马。这两辆青铜车马都是先铸造成形，然后又进行了精细加工才制成的，工艺水平之高、车马造型之美在全世界都是首屈一指的。

两辆青铜车都极为精美，车身有大量的金银装饰，外表还画着彩色纹样。驾车铜马身上的璎珞和链条所用的铜丝，直径仅半个毫米左右，令人叹为观止。据史书记载，秦始皇出游时，这样的车共有81辆，盛况可想而知。

一号铜车马

《 一号铜车马 》

一号铜车马是单辕双轮结构，前面驾四匹马。车身长225厘米，高152厘米，重1061千克。一号车的车舆是横着的长方形，宽126厘米，进深70厘米。车舆上装有一个车伞，由伞座、伞柄、伞盖三部分组成。

车舆的前面和两侧都有车栏板，后面还有门，可以上下车用。车舆的右侧有一面盾牌，前面挂着一件铜弩和铜镞。车伞下还站着一名青铜御官俑。

这位青铜御官身高84.5厘米，重70.6千克。上身穿着交领右衽长襦，下身穿长裤，脚上穿方口齐头翘尖履，头上绾着梯形的扁发髻。头戴鹖（hé）冠，腰部佩着青铜剑。双臂前举，双手半握拳，手里握着六根辔绳。长方形面孔，宽额头，高颧骨，粗眉大眼，阔口厚唇。神情恭谨肃穆，表现出一副恪守职责的神情。

整辆"铜车马"由3500多个零部件组成，其中黄金饰件3000多克，银质饰件4000多克。车马通体装饰着精美绝伦的彩绘。这辆铜车马修复后从未踏出过馆门一步，是国家明令禁止出境的国宝级文物之一。

《 二号铜车马 》

二号铜车马也是单辕双轮结构，前面驾四匹马。车身通长317厘米，高106厘米，总重量为1241千克。二号车的车舆分前后两部分，平面呈凸字形，凸突部分是驭手的座位。

车室的后面有门，左、右、正前方各有一个窗户。正前方的窗板是镂空的菱形花纹，窗板可以开启，便于主人与驭手互通信息。两侧的窗板也是镂空菱形花纹，可以前后推拉。乘车的人从车室内可以观察到车外的情况，外面的人却很难看清车内。

铜车马的车门、车窗上用的活动组件都和近代的马车十分相似。马肚子和马颈上的套环都是用策扣连接的，这些策扣也和今天我们腰带上的策扣几乎完全相同。

驾车的四匹青铜马造型风格和秦陵兵马俑坑中的陶马十分相似，它们神态各异：中间的两匹马举颈昂首，正视前方；两侧的两匹马头微向

二号铜车马

中华
文明故事

外转，是静中寓动的姿态。

车室前凸突部分有一位跽（jì）坐着的御官。这位御官两臂前举，双手执辔，每个手指的关节、指甲都塑造得非常逼真。御者全身略向前倾，目视前方，半抿着双唇，面带微笑，恭敬的神态中还带有一丝得意，充分表现出了一个高级奴仆的心理活动。

这辆铜车马由大小3462个零部件组装而成，其中黄金制件737个，白银制件983个，青铜制件1742个。与一号铜车马一样，这辆车也通体装饰着精美绝伦的彩绘，也是国家明令禁止出境的国宝级文物之一。

这两辆秦陵青铜车马的制作工艺非常精湛，八匹驾车的马，都按照马体不同部位的毛向进行了错磨，然后又涂上彩色，十分细致入微，给人以真实的皮毛感，大大增强了青铜马的艺术效果。

两辆青铜车通体彩绘，图案和花纹风格朴素、明快大方。精美绝伦的金银构件，肃穆典雅的彩绘装饰，华贵富丽的雄壮姿态，都充分彰显了秦代青铜铸造工艺的辉煌成就。

中华第一灯

《 长信宫灯出世 》

1968年，解放军某部在河北满城县施工时无意中发现了西汉中山靖王刘胜和他妻子窦绾的墓葬，在墓中发现了著名的金缕玉衣和长信宫灯。从科学和文化的角度看，被专家学者们誉为"中华第一灯"的长信宫灯，被称为真正的国之重宝。

长信宫灯的灯体是一个通体鎏金、双手执灯跽坐着的宫女，神态恬静优雅。由于这盏宫灯曾经长期放置在西汉窦太后的长信宫中，所以得名"长信宫灯"。

长信宫灯是汉代青铜鎏金工艺的巅峰之作，这件国宝级文物以其精美绝伦的制作工艺、巧妙独特的艺术构思和超前世界的环保理念享誉海内外。

长信宫灯

由于窦绾墓的主墓室曾经发生过一次坍塌，所以原来放置在几案上的长信宫灯被震落在地上摔散了。据说，考古专家们打开窦绾墓主墓室的时候，这盏长信宫灯已经不是完整的形态。宫女的头部、灯盘和灯罩等零部件都散落在地上，经专家们修复后才恢复了原来的面貌。

长信宫灯高48厘米，宫女高44.5厘米，总重15.85千克。通体鎏金，显得灿烂、华丽。铜器上的鎏金工艺在战国时期已经出现，长信宫灯经过鎏金处理后，表面金碧辉煌，说明西汉时期的青铜鎏金工艺已经达到了世界顶级水平。

《 长信宫灯的造型 》

长信宫灯的造型十分奇妙，是一个踮坐着的宫女双手执灯。整个宫灯是由宫女的头部、身躯、手臂、灯座、灯盘和灯罩六个部分分别铸造好以后组装而成的。

宫女的身体是中空的，她的左手托着灯座，右手提着灯罩，右手臂与灯的烟道相通，手臂和衣袖就是排烟的管道。宽大的袖管自然垂落，巧妙地形成了灯的顶部。

灯罩是由两块弧形的瓦状铜板合拢后组成的圆形，嵌在灯盘的槽中，可以左右开合，使用时可以很方便地调节灯光的照射方向和亮度。灯盘中心的灯钎是插蜡烛用的，灯点燃后，烟就会顺着宫女的袖管进入体内。

长信宫灯的造型结构非常合理。在制造工艺上，由于采取了分别铸造再组合为一的方法，灯罩不仅可以开合活动、调节光照强度和光照的方向，同时也可以随意拆卸和清洗。连宫灯的导烟管也是分为两半的，以便于拆卸和清洗烟垢。

【 优美的外形 】

汉代青铜灯具的装饰纹样大都比较复杂，但是长信宫灯的表面却没有过多的装饰物和复杂的花纹。它线条简洁，正好表现出了宫女朴素的形象，但通体鎏金又大大增加了宫灯的华丽感，材质和形式的巧妙结合令人叹为观止。

在造型设计上，这盏宫灯更是美轮美奂，充满了想象力。宫女的造型非常逼真，她轻盈俊美的面庞和身姿，使原本厚重的青铜器显得非常轻巧精致。这盏宫灯虽然是一件实用器物，但在汉代宫灯中却首屈一指，最为贵重。

窦太后把宫灯赐给本族的亲侄女窦绾，窦绾去世时，宫灯便随葬在窦绾墓中，由此可见这件器物的高贵身份。

长信宫灯一改以往青铜器皿的神秘厚重，整个造型和装饰风格都显得舒展自如、轻巧华丽，是一件古代最珍贵的宫中灯具。更重要的是，这盏宫灯的宫女体内中空，燃烧产生的烟尘可以通过宫女的右臂沉积在体内，极大地减少了环境污染，充分体现了古代中国人的环保理念和聪明智慧。

美国前国务卿基辛格来华访问时，曾观赏过长信宫灯，他感慨道："2000多年前的中国人就懂得了环保，真了不起。"

1993年，长信宫灯被鉴定为国宝级文物，2010年在上海世界博览会上展出，让世界人民都欣赏到了她优美的身姿。

长信宫灯是中国古代青铜鎏金工艺最重要的代表性作品，是中国古代工艺美术品中的巅峰之作。由于这盏汉代宫灯结构设计精巧，制作工艺高超，在中国古代宫灯中首屈一指，因此被专家们誉为"中华第一灯"。

这盏长信宫灯现收藏在河北省博物馆。

羽纹铜凤灯

西汉年间，具有环保功能的灯具远不止一盏长信宫灯。

1971年，在广西合浦望牛岭西汉古墓中也出土了一件非常美丽的青铜灯具——羽纹铜凤灯。羽纹铜凤灯的身份虽然没有长信宫灯那么高贵，尺寸也没有长信宫灯那么大，可它的环保功能却完全可以与长信宫灯相媲美。

羽纹铜凤灯通高33厘米，长42厘米，宽15厘米。这盏灯是凤鸟形，呈回首顾望的姿态，双足分立，尾羽下垂直到地上。这样双足和尾羽就形成了鼎立之势，稳稳地支撑着灯身。

凤鸟的头、冠、颈、翅、尾、足各部位的轮廓比例都十分匀称，通体刻着细细的羽毛，非常清晰、精致和美观。

凤鸟的背部有一个圆孔，用来放置长柄的灯盏。凤鸟的口中还衔着喇叭形的灯罩，垂直正对着灯钎的上方。凤鸟的颈部由两段套管衔接而成，可以自由转动和拆卸，以便于调节灯光和冲洗体内的烟尘。灯罩与凤鸟的颈部、腹腔都是相通的，凤鸟腹腔是空心的，可以贮存清水。当灯钎上的蜡烛点燃时，烟灰就经过灯罩吸入了凤鸟的颈管，再由颈管导入腹腔，最后溶于水中。

这盏羽纹铜凤灯有三个重要特点：

第一是环保功能先进：这盏灯上的导烟管与河北满城汉墓出土的长信宫灯十分相似，更先进的是这盏灯还采用了"利用清水净化烟尘"的方法，在环保功能上甚至超过了长信宫灯。

第二是制作工艺先进：羽纹铜凤灯在工艺结构上采用了汉代的分铸法，纹饰采用了西汉时期流行于岭南地区的先进錾刻花纹工艺。凤鸟的体态优雅、生动，通体制作都十分细致、逼真。

第三是造型独特：羽纹铜凤灯的造型灵巧优美、活泼可爱、寓意吉祥，富有浓郁的生活气息。这盏羽纹铜凤灯确实称得上是汉代青铜灯具中最精美的文物。

彩绘雁鱼铜灯

在西汉年间，具有环保功能的灯具发现了好几盏，但在尺寸上能够超越长信宫灯，在环保方面能够与羽纹铜凤灯媲美的灯具却只发现了一盏，它就是1985年在陕西省神木西汉古墓中出土的彩绘雁鱼铜灯。

这盏彩绘雁鱼铜灯高54厘米，长33厘米，宽17厘米，体型比长信宫灯还要高大些。现收藏于陕西省历史博物馆。

这件彩绘雁鱼铜灯的结构也非常巧妙，通体由衔鱼的雁首、雁身、两片灯罩和灯盘四部分组成，造型极为优美。

灯的整体为鸿雁回首伫立状，雁口中衔着一条鱼，鱼身下接灯罩，与雁背上的灯盘相连。灯罩用两片弧形屏板组成，可以左右转动、开

彩绘雁鱼铜灯

合，既能挡风，又能调节灯光的强度和照明方向。圆形的灯盘，在一侧还附有灯柄，可以控制灯盘的转动。

彩绘雁鱼铜灯可以随意拆卸，这是因为汉代的灯具大多数以动物油脂为燃料，使用时会造成灯具的污垢，便于清洗。

这盏彩绘雁鱼铜灯的雁腹内可以盛清水，燃烧产生的烟雾，先由鱼形灯罩将烟导入烟管——雁颈，然后经烟管进入盛水的雁腹，利用清水净化油烟。

如此精巧的设计，既避免了油烟对室内空气的污染，又显示了铜灯的艺术之美，是世界灯具史上的重大发明创造。

彩绘雁鱼铜灯不仅造型生动、设计精巧，而且装饰非常华丽。雁体和鱼身色彩翠绿，而且用墨线、红彩分别勾画出了雁的翎羽和鱼的鳞片。雁和鱼的表情也生动逼真：雁额以红彩为冠，雁眼圆睁，雁颈修长，短尾上翘，双足并立；鱼儿则显示出了顷刻间被雁捉住时的惊慌表情。

鸿雁在中国古代是祥瑞珍禽，经常用于结婚时的聘礼，而鱼也象征着生活富裕，这盏美丽、实用的彩绘雁鱼铜灯不仅科学、实用，而且精美绝伦，寄托了人们追求富足生活的美好愿望。

马踏飞燕出华夏

我国的国家旅游业标志图形就是"马踏飞燕"——甘肃武威雷台出土的东汉青铜马。

甘肃武威的雷台是著名的旅游景点，是丝绸之路上一颗璀璨的明珠。雷台规模宏大，全长106米，宽60米，高8.5米，是南北朝时期前凉（301年—376年）国王张茂修筑的灵钧台。

在武威雷台出土的东汉青铜马——马踏飞燕，造型奇特、工艺精湛，达到了中国古代青铜制作的顶点。这匹足踏飞燕、奔腾疾驰的天马，是东汉青铜铸造工艺和精美雕塑艺术的结晶。

雷台上的明清古建筑雄伟壮观，保存完好。周围古树参天，湖水荡漾，景色十分优美。

1969年10月，考古学家们在雷台下的东南角发掘了一座曾经遭受过两次盗掘的东汉晚期古墓，在墓中出土了220多件青铜器、玉器和陶器。其中有39匹神态各异、铸造精美的青铜马，最为引人注目。

《 天马惊世界 》

武威雷台出土的这批珍贵文物，被运送到甘肃省博物馆进行修复时，有一匹青铜马引起了专家们的格外注意。

这匹青铜马高34.5厘米，长45厘米，宽13厘米，重达7.15千克。马的造型极为奇特：马昂首扬尾，头顶上花缨微扬，三蹄腾空，右后蹄踏着一只飞燕，飞燕展翅掠飞，惊愕回首。

最初，专家学者们虽然认识到了这匹青铜马非同一般，却没能给它定性。1971年，著名学者、中国科学院院长郭沫若陪同柬埔寨王国首相率领的代表团访问甘肃。在参观甘肃省博物馆时，郭沫若看到了这组武威雷台汉墓出土的珍贵文物，并对其中的"马踏飞燕"作出了极高的评价。

原来，甘肃武威古称凉州，地处河西走廊的东端，历史上不仅是丝绸之路的要冲，并且是西凉古都和西夏王朝的陪都。

这座古墓是东汉镇守武威的张姓将军夫妻合葬墓，这匹青铜马不是普通的战马，而是为墓主人陪葬的天马。

这匹青铜马造型矫健俊美，奇特无比：三蹄腾空跃起，一足踩踏飞燕，作风驰电掣般地奔驰状，充分展现了骏马凌空飞腾、奔跑疾速的雄姿。而那只小燕子吃惊地回过头来观望的神态，更是生动传神。最后，郭沫若得出结论，这是东汉时期珍贵的"神骏"。于是，这匹武威出土的天马先被命名为"铜奔马"，后又被正式命名为"马踏飞燕"。

随着"马踏飞燕"和武威市汉墓出土文物在北京展出，引起了国内外专家学者的强烈关注。1972年，美国总统尼克松访华，目睹了"马踏飞燕"的绝世风采。以后，更有许多外国尊贵客人专程来中国参观这匹

马踏飞燕

神骏无比的汉代"天马"。

1973年，"马踏飞燕"参加了古代文物出国展，接连在英国和法国展出，得到了国际学术界、艺术界的高度评价。

《 艺术称绝妙 》

"马踏飞燕"是东汉艺术家的经典之作，也是中国古代雕塑艺术的稀世之宝，代表了东汉时期最高的青铜铸造水平和艺术成就。现代雕塑艺术表明，要塑造一匹健美的骏马形象并不太难，但要让一件静物表现出强烈的动感，特别是表现出日行千里的神骏姿态，就不那么容易了。

这位2000多年前的艺术家进行了大胆而夸张的巧妙构思，他让天马的右后蹄踏上一只凌空飞翔的燕子，这样一来，就把天马的"快"形象化了：连飞燕都来不及躲闪，跑得真快啊！马蹄踏在飞燕身上，飞燕虽然惊恐，但依然生命无恙，可见这匹天马几乎是四蹄离地，在风驰电掣般地飞奔。

在艺术造型上，以飞燕映衬天马，使天马飞驰的动感凝固在一个静止的空间，实在是独具匠心。为此，中国科学界和考古学界的专家们一致认定"马踏飞燕"是中国古代青铜铸造技术的巅峰之作。

有学者提出，青铜奔马所踏的飞燕并不是普通的燕子，而是龙雀。龙雀是风神——飞廉，这种神鸟并不是一般的奔马能够踩踏得到的，这匹青铜奔马其实就是传说中的"天马"。因此，"马踏飞燕"的正式名称应该是"马踏龙雀"或"马超龙雀"。

1983年，"马踏飞燕"以"马超龙雀"这个名称被国家旅游局确定为中国旅游业的图标，并一直沿用至今。1986年，"马超龙雀"被确定为国宝级文物。

秦始皇千秋功罪
惊世界三大奇观
奉汉星光耀千
丝绸路大漠茫
中医学成就辉
天文学世界领
含古文传说奇
汉清流万古流
司马迁千古绝唱
精湛艺术画像石

精湛艺术画像石

经过"文景之治"的休养生息，西汉时期出现了国家安定、百姓富足的大好局面，不仅科学技术取得了辉煌成就，文学艺术也极其繁荣。两汉时期的艺术珍品——精美的汉代壁画和汉画像石，就是在这样的背景下出现的。

汉代墓室壁画和汉画像石，是中国古代灿烂的文化艺术瑰宝。这些壁画和画像石构图精美，内容丰富，有上古的神话传说，有重要的历史事件，有神秘的天文图像，有华夏的风土人情，是中国古代艺术的精美之作。

在中国古代艺术史上，两汉墓室壁画和汉画像石占有重要地位，它们继承了春秋战国时期的古朴艺术之风，开启了魏晋风骨的艺术先河，奠定了中国古代绘画艺术的雄厚基础。

恢宏的汉代壁画

西汉时期，从中央政权到各诸侯国的宫室，都喜欢用大型壁画作装饰。西汉未央宫的承明殿、明光殿都画有巨幅壁画。许多诸侯王的宫殿上也画有壁画，其中，规模最宏大的就要数汉鲁恭王灵光殿上的壁画了。

汉代著名辞赋家王延寿曾经专门写过一篇《鲁灵光殿赋》。尽管鲁灵光殿今天早已荡然无存，殿上的壁画也早已化为乌有，可这篇《鲁灵光殿赋》却流传了下来，让我们可以间接地领略到当年鲁灵光殿壁画的恢宏气势。

两汉时期的殿堂、寺观、衙署、驿站的墙上大都画有壁画，但是由于年代久远，历经战乱，汉代的建筑物今天早已经不复存在了，因此，墙上那些精美的壁画我们再也无法看到了。不过，从20世纪开始，人们在两汉时期的古墓中，陆陆续续找到了许多保存至今的精美的汉代壁画。

西汉古墓壁画

西汉时期的墓室壁画分布非常广，考古学家们在河南洛阳、商丘，陕西西安和甘肃武威等地的西汉古墓中都发现了内容丰富、艺术水平很高的古代壁画。

《 梁王墓巨幅壁画 》

河南商丘的芒砀山梁王墓巨幅壁画，是典型的西汉前期风格的壁画。梁王墓在河南商丘城东90千米处，这是一座大型的山崖陵墓。墓室中的壁画气势恢宏、色彩浓丽、形象夸张，带有明显的楚地绘画风格，是西汉墓室壁画中的绝品。

在梁王墓主墓室前区的顶部绘有一条蜿蜒5米的巨龙，这条龙头角峥嵘，身翼潇洒，威武异常，腾飞九天。画中还有许多神兽，其中朱雀、白虎等方位神都描画得形象鲜明、生动传神。

《 洛阳卜千秋墓壁画 》

河南洛阳卜千秋墓也是西汉时期的古墓，墓室中的壁画保存完好。在这座汉墓主墓室的平脊上绘制了一幅完美的升仙图，图卷长4.51米，宽0.31米，规模也很宏大。

壁画除了画着卜千秋夫妇以外，还精心绘制了太阳、月亮、白虎、朱雀、黄蛇、奔兔、三头鸟，以及女娲、伏羲等内容。长长的升仙队伍气势宏大壮观，生动地描绘出了墓主人"升天漫游"的逍遥景象。

这幅壁画形象生动，线条流畅，构图丰富，繁而不乱，充分展示了画师丰富的想象力和娴熟的绘画技巧，是西汉墓室壁画中的又一处精品。

《 西安交大墓室壁画 》

早在战国时期，天文学家们为了观测天象把全天星图划分成了著名的四象、二十八宿。如今，保存最完整的"二十八宿"天文星图就藏在西安交通大学附属小学院内的西汉古墓中。

1987年4月的一天，西安交通大学附属小学教学楼正在开挖地基，突然一座古墓出现在了工人们的脚下。

经过考古人员认定，这是一座西汉时期的古墓。人们在古墓中不仅发现了玉器、陶器、铜镜和铜钱等文物，还发现了珍贵的西汉壁画。

在西安交通大学附属小学院内发现的汉墓壁画规模相当大，主墓室的内壁全部被色彩填满了。壁画分为上、下两部分，下半部分描绘的是表示人间的山峦、鸟兽，上半部分描绘的是天上的云、鹤、日、月和二十八星宿图。

尽管泥浆灌入了墓室，壁画的下半部分褪色很严重，但是上半部分却非常清晰和完整：用石青和汉紫两种颜色画成的云雾在天空中缭绕，宛如仙境一般，几只仙鹤婀娜多姿，体态舒展飘逸。

墓顶的南面画着太阳，北面画着月亮，在太阳和月亮的外围，有一圈星宿包围着，一颗颗的白点就是星星，属于同一星宿的星星还用线连接成了不同的图案。

其中"女宿"各星连接成一位坐着的女子，代表织女星座。"牛宿"各星相连组成了一头牛。最有趣的是"鬼宿"，那图案好像两个人抬着一个滑竿，中间坐着那个身穿黑衣的"鬼"。东方苍龙左后爪处的一颗红色的大星是"大火"。

大火是"心宿"最重要的星，是所谓"明堂"——也就是天子祭祀天神的殿堂。因此，在这整个星图中，只有这颗星是红色的。它还是一颗与农业生产关系紧密的星星，每到春天只要"大火"星从东方的地平线上升起，气候便开始逐渐回暖了。每到这个时候，人们便知道这一年的春耕就要开始了。

高超的绘画技巧

令人最感到惊奇的是，西安交大附属小学汉墓壁画的画法。这位2000多年前的画师，竟然采用了"没骨画法"——这种画法的特点是不用黑线描出轮廓，而是直接用彩色画成，因此叫"没骨画法"。

在中国古代传统绘画中，"没骨画法"主要用于花鸟画，俗称"没骨花卉"，因为难度大，在其他绘画题材中很少使用，在唐宋以前的绘画中更是十分罕见。

不仅如此，更令人震惊的是这些壁画经历了2000多年的沧桑变化，仍然保持着鲜艳、俏丽的色彩。原来，西安交大附属小学的汉墓壁画使用的是天然矿物质颜料，所以保存的时间特别长。

除了天然颜料，人们在西安交大附属小学汉墓壁画中还发现了一种很特殊的颜色——汉紫。研究表明，用天然的矿物质是无法绘制出这种色彩的，必须要经过人为的加工合成，2000多年前的古人是如何制造出这种颜料的呢？至今仍是一个未解之谜。

东汉古墓壁画

东汉古墓壁画的分布更加广泛，在河南、河北、陕西、内蒙古、江苏、安徽、辽宁等地都有发现。东汉时期墓室壁画的题材与西汉相比，发生了很大变化，日月天象和神禽瑞兽退居到了次要地位，显赫的车马仪仗、热闹的百戏乐舞、繁荣的城池幕府、农耕放牧的场景、丰盛奢华的宴饮、勇武的射猎，都生动鲜活地出现在了壁画之中。

这些壁画都真实地再现了当时的社会生活和社会风尚，不仅是珍贵的艺术作品，同时也是研究汉代历史的重要资料。

在内蒙古和林格尔东汉古墓中发现的壁画规模非常宏大。据统计，共有46组57幅壁画，面积达上百平方米，壁画上还有250多项榜题，共700多字。通过这些壁画和题字，可以了解墓主人的生平和东汉社会的许多重要信息。

因为墓主人是"孝廉"出身，担任过西河长史、行上郡属都尉、使持节护乌桓校尉等地方高官，壁画中不仅描绘了官府图、车马出行图，

还反映了主人聚众饮宴、受到褒奖时的各种情景。

尤其那幅《使持节护乌桓校尉车马出行图》，场面最为宏大，画中有十多辆车乘，各色马匹129匹，还有文武官员和士卒、仆从128人。墓主人坐着三匹马拉着的车，耀武扬威，前呼后拥，场面非常壮观。

在东汉古墓壁画中，最具特色的是河南密县打虎厅一号汉墓中的《百戏图》：图案的上下两边各画着一排贵族人物，他们身穿不同色彩的礼服坐在席上，一边宴饮，一边观看中间的百戏。这幅壁画绘制得十分细致，连席前的杯盘、碗筷都画得十分清晰、精美。

《百戏图》是壁画的核心，画面的右侧是乐队，左上角是六名观赏者，画面偏左为作"百戏"的演员，表演着跳丸、飞剑、舞轮、倒立、载竿等技艺，表演者都臂系红带，有的束髻，有的赤膊，个个体态优美，动作逼真，反映了汉代杂技艺术的水平以及当时贵族官宦的生活情景。

东汉墓室壁画画幅宽大、气势壮阔。壁画有的使用线描，有的使用没骨画法。采用线描画法的，线条有粗有细，已经显示了刚劲柔婉的区别；采用没骨画法的，颜色浓淡相宜，已经现出了色彩渲染的效果。

东汉时期的壁画，用笔道劲而有顿挫，尤其是对马的勾勒，已经掌握了一定的规律。这些壁画中表现出来的古代画风和画技，正是中华古文明灿烂的艺术瑰宝。

精美的汉画像石

汉画像石分布得非常广泛，河南、山东、山西、陕西、湖北、四川、江苏、安徽、北京等地都有发现。同汉代的墓室壁画相比，汉画像石是集绘画、雕刻艺术于一身，内容更加丰富，取材更加广泛的古代文化艺术精品。

汉画像石的内容非常丰富，可以说莽莽苍苍，横无涯际，有神秘的天文图像，有上古的神话传说，有美丽的人间仙境，有精致的现实生活，有贤君明臣的赞礼，有勇武之士的颂歌……以一种深沉雄伟的艺术气魄，给人的心灵以巨大震撼。

汉画像石的内容可以分为四大类。

《 神话世界 》

汉画像石的神话内容包括从远古直到西汉的几乎所有关于天上地下的传说故事。天上的，有星空中的四象，如青龙、白虎、玄武、朱雀。有传说中的伏羲、女娲人首蛇身相交，有女娲以土造人、炼石补天，还有玉兔捣药、嫦娥飞天、天神羽人，以及传说中的三足鸟、九尾狐、西王母。这些传说都可以在汉画像石中找到。

《 动物世界 》

汉画像石中还雕刻了许多珍禽异兽，常见的青龙、白虎既是神话世界中的主人公，也是动物世界的首领。

除此之外，凤凰、麒麟、瑞鹿、仙鹤、神龟、大象以及天马、神鸟，都是汉画像石图案中最常见的。

这些大大小小、神态各异的动物，有的是墓主人"升仙"时的骑乘工具，有的是他们喜爱的祥瑞之物，都雕刻得生动传神，栩栩如生。

《 历史故事 》

汉画像石上记载了我国古代许多重要的历史人物和著名的历史事件，有战国时期荆轲刺秦王的惊险场景，有"人头鸟身"的神医扁鹊为

病人治病的精彩画面，有秦始皇在泗水打捞周鼎的壮观场景，有战国时期魏姬"窃符救赵"的故事，还有孔子向老子请教周礼的有趣画面等。

《 生活场景 》

汉画像石中描绘得最多的还是当时的现实生活。这些作品，有美丽的田园风景画，如广阔的田野、美丽的湖沼和亭台楼阁等；有人们从事生产的场景，如驾牛耕田、纺纱织锦、捕鱼田猎等；还有描述王公贵族生活的场面，如宴乐鼎食、歌舞杂技、驰逐狩猎、车骑出行等。

从这些画像石中不仅可以了解汉代的社会生活状况，还可以直观地了解汉代先进的科学技术成果。

在各地出土的汉画像石中，以河南南阳、江苏徐州和山西离石三个地区最为集中，也最具代表性。

南阳汉画像石

1931年夏天，河南南阳连日暴雨倾盆，白河水位暴涨，冲上了堤岸，在城西南9千米的草店村，冲开了一座汉墓。墓中的文物被盗抢一空，只剩下了搬不动的墓石。

后来，有考古学者下到墓中，发现这些搬不动的墓石上刻着许多图案和文字，这个意外的发现，揭开了两千年前汉朝人的生活图景。著名的南阳汉画像石，就是这样被人们发现的。

后来，考古学家们陆续在南阳市卧龙、唐河、方城、邓州先后发掘了四十多座汉画像石墓。到目前为止，南阳市汉画像馆已经收藏了汉画像石2000多块，成了全国藏品最多的汉代石刻艺术博物馆。

南阳汉画像石刻有大量的神话故事，在这些图案中，商周青铜器阴森可怕的神祇形象早已经不复存在，所有的神祇都被描画得自然质朴、和蔼可亲。

南阳汉画像石中的伏羲和女娲都是人首蛇身，已经成了"人神合一"的可爱形象。在汉画像石中，画匠们还形象地描绘了嫦娥奔月、牛郎织女的故事。所不同的是，这里的嫦娥也和女娲娘娘一样，是人首蛇身。

南阳汉画像石中出现最多的是反映现实生活的场景，有一块画像石上，画着一个质朴的农人正手执鞭子赶着牛，在田间犁地。

在另一块画像石上，画着三位安详的妇女，两个人正在纺纱，一个人正在织锦。最令人震惊的是，画像石上的织机与20世纪初中国农村使用的传统手工织机已经十分相似了。

南阳画像石上雕刻的动物也非常多，有神秘祥瑞的龙、凤、麒麟，有凶猛威武的虎、豹、狮、熊，有温顺驯良的猪、牛、羊、马，还有天禄、辟邪和飞廉这类完全想象出来的动物。这些动物，造型自然健美，线条流畅清晰，体态浪漫洒脱，形成了超过动物形体之外的、浪漫的艺术风格。

南阳画像石上雕刻的《舞乐百戏》尤其精美，其中一块画像石上雕刻了许多人，有一人挥长袖翩翩起舞，另一人作滑稽戏，有人在作柔道技，还有人似乎牵着小动物……各种表演都十分生动有趣。长袖舞者体态苗条，作滑稽戏者形体憨朴，作柔技者体型柔和，牵着小动物的正在回头观望，形成了刚与柔、直与曲、简练与憨朴、自然与健美之间的相互映衬，让人感到强烈的运动感、力量感、舒畅感和无与伦比的美的享受。

离石汉画像石

山西离石也发现了大量的汉画像石。离石汉画像石分为三大类，第一类是天上的神仙世界，描绘的是墓主人步入仙境的场景；第二类描绘的是古代重要的历史事件；第三类描绘的是墓主人生前安逸的生活场景。

在离石汉画像石的题材上，有的描绘了远古时期"大禹治水"的传说，有的雕刻着战国时期"人头鸟身"的神医扁鹊为病人针灸治病的画面。尤其是其雕刻的宏伟的重楼高阁，楼阁上精美的图案更是所有汉画像石都无法与之相比的。

离石东汉画像石上还雕刻了墓主人安逸的生活场景。有的图案中，主人正在宴饮闲谈、下围棋、听音乐；有的图案是农民在原野上放牧农耕；还有的图案是墓主人车马出行的热烈场面。

离石附近的地质构造是砂质页岩，质地比较软，呈现灰绿色或红褐色。大部分画像石是先经过削凿后磨制成石材，然后由画工用墨线勾勒出物像，最后再由石匠阴刻刻出轮廓，剔去空地，成为精美的浅浮雕作品。

离石汉画像石构图疏朗，刻画凝重醒目，形象洗练质朴。由于剔去空地时铲去的很浅，因此浮雕很浅，这就形成了拓片效果，宛如剪影一样，具有特殊的艺术风格。

因为这种特殊的雕刻工艺，导致离石汉画像石与其他地方出土的汉画像石相比，图案更加疏朗，人物的刻画也更加生动。

山西离石的汉画像石在加拿大、北京故宫、山西省博物馆、山西省考古研究所都展出过，受到了国内外专家、学者的高度重视。

江苏徐州也是中国汉画像石集中分布的地区之一。

徐州汉画像石题材广博，内容十分丰富，有神话故事、车马出行、对搏比武、舞乐杂技、迎宾待客、男耕女织等内容。

描绘神话故事的有伏羲、女娲、炎帝、黄帝、东王公、西王母、日中金乌和玉兔等众多形象。

徐州汉画像石中的车马出行图、牛耕图、纺织图、迎宾图和百戏图等都是汉画像石中的艺术珍品。

徐州汉画像石的艺术特色是构图紧密，夸张得体，以形传神，表现出一种独具特色的创造性。

徐州汉画像石的雕刻技法分为阴线雕刻和浅浮雕两种，其中阴线雕刻细腻真切，画风质朴简洁，有一种阴柔之美。而浅浮雕技法雄浑苍健，极有质感，给人以阳刚之美。这两种雕刻方法阴阳相合、刚柔相济，充分体现了中国传统的艺术之美。

两汉结束以后，历史就进入了三国和魏晋南北朝时期。这是中国古代文明飞速发展的第二个高峰期。在这个伟大的历史时期，艺术家们继承了精美的汉代壁画和汉画像石的艺术精髓，把中国古代的绘画、石刻和雕塑艺术推向了顶峰，镌刻出了更加宏伟的艺术丰碑！